カルチュラル・スタディーズへの招待

本橋哲也 著

大修館書店

前書き——この本を使う人のために

● ハムレットの疑い

　シェイクスピアが1601年ころ，つまり私たちが「近代」と呼びならわしている時代の初期に書いた劇『ハムレット』。その内容についてあまり詳しくない人も，"To be, or not to be, that is the question"（「本当にそうなのか，そうでないのか，それが問題だ」）に始まる長い独白については聞いたことがあるだろう。ここでハムレットは，現実と夢，生と死，外見と内実，行動と反省，といった対立について思いをめぐらし，なぜ自分が自殺や復讐といった思いきった行為に踏みだせないのかを考察している。こう書くといかにも『ハムレット』という劇は，迂遠で退屈な哲学的省察にあふれたもののように感じられるかもしれないが，この劇が観客に凡百の演劇・映画・小説などよりも深い精神的興奮を与えるのは，そのような主人公の独白を通じての魂の軌跡が，そのまま劇の動力となって私たちの心と体を揺さぶるからだ。

　この独白の終わり近くハムレットは，"conscience"が私たち皆を臆病にする，おかげで決心がにぶり行動も起こせなくなる，といった意味のことを言う。"conscience"という語を辞書で引くと，「良心」とか「本心」といった意味が書いてあるけれども，この劇に則して考えれば，これは外見からは計り知れない，しかし同時に外見を通してしか表現することができない，という根源的で本質的な矛盾を抱えた「内面の何か」を指しているのではないだろうか？　ハムレットにとってその「何か」の内容は，父を失った悲しみや母に裏切られた失望，叔父への嫌悪，オフィーリアへの愛情，友人たちへの嫉妬といった，人間関係から生じる多様な情動に関わっているのだけれども，最大の問題はそれらが果たして「本当にそうなのか，そうでないのか」，何を確証として人間は自己の内面を立証できるのか，という

疑問にある。この問いかけから彼は演劇という手段を選択し，観客という他者に開かれた自己を発見することによって，単なる復讐劇からは遠く隔たった世界と自分との新たな関わり方を私たちに示唆するのである。

● 自分はどんな世界に生きているのか

　この本の前書きにあたってハムレットの話から始めてみたのは，私たち自身の発する言葉や活動する身体が，この世界のなかで占めている場について皆さんの注意を促したかったからだ。ハムレットは最初，極端に自己に閉ざされた世界に生きていて，家族を含む他人と関わりあいになりたくないばかりか，自己の身体さえもおぞましく感じている。それが父の亡霊との出会い，ホレイショーら友人との信頼関係，旅役者との共同作業を通じてしだいに自分が周囲の世界にあり得べき位置について自覚的になり，最後には他者を覚醒する役目をになった演劇的自己を発現していく。同様に私たちも自分の発話や行為が，いったい誰のために，どのような場所で，どんな力関係の下に行われ，どのような人間との相互性を築いていくかに目覚めていくことで，他者との新たなつながりを作り，社会的存在として歴史的現在に生きる自己と世界に対する知見を鍛えていくことができる。さまざまな芸術作品，文学・音楽・美術は，そのような私たちの旅路の最良の道しるべとなり得るだろう。

　しかし自分のまわりを見回してみれば明らかなように，私たちの日常は経済的にも時間的にも，いわゆる「高貴な芸術」にだけ触れ合っていればよい好事家のような生活を許してはくれない。というより「芸術」自体がそのような日常の産物でしかあり得ないのだから，それは戦争やセックスや老いや金銭や食事や暴力や差別のような「現実」と切り離されて存在するわけではない。つまり芸術を「美しい夢」，世界を「醜い現実」として分けて考えようとする限り，それは自己閉塞したハムレットの精神と身体のように，世界と自分との新しい関係を築くことはできないのだ。

● **文化を生きる**

　本書はそのような自己と世界との関係を考え，生きていくのに，皆さんが〈文化〉をキーとしてみたらどうだろうか，というささやかな誘いである。カルチュラル・スタディーズというカタカナ，いわば「業界輸入用語」を用いているけれども，それは，「西洋」と「非西洋」との線引きを容認することでも，「学問研究」と「市井の生活」を区別するためでもないことは，本文を読まれるにつれてだんだんと理解していただけると思う。

　本書の構成は，文化やカルチュラル・スタディーズに関する基本的な姿勢を紹介する序章に続いて，文化の諸相を切りわけていく論客たちの文章を1章ごとになるべく詳しく紹介するという形を取っている。彼女ら・彼らの文章はいずれも日本語によって発表されたものだが，そのすべてに共通するのは，文化を思考することが国境の区分や歴史・民族性の違いに鋭敏となることであり，それを尊重しながら共通する部分でつながりをもとうとする意志，いわば連帯への信念である。そう思って，私はこれらの文章を皆さんに読んでもらい，著者たちと皆さんとがつながればと，このような拙い本を編ませていただいた。

　本文には，いろいろな場所で〈キーワード〉（文化を考えるための重要な道具の紹介），〈トライアル〉（著者たちの思考に刺激されて皆さん自身が考察を進めるための材料の提供）を挿入し，その他さまざまな用語や概念についての〈ノート〉や〈ブック〉〈パーソン〉〈フィルム〉などの紹介と解説を試みている。また各章末には〈こんな本も読んでみよう〉として，本文中では紹介しなかった，皆さんの今後の歩みに役立ちそうな本を挙げさせていただいた。

　このような多少凝った作りを編集に携わった大修館書店の小林奈苗さんと工夫したのは，ほかでもない，これを使って読者の皆さんが，ご自身で自分の生きる文化に関わる知恵と力を編みだしてほしいからだ。不十分な紹介ながらもこの本を通して，読者の皆さんが著者たちの思いと信念に触れ，そこに想像力を介した対話が生まれるとき，皆さんも他者に開かれた演劇的身体を獲得したハムレットと生きる場所を共有することになる。そ

こには友情と愛が孕まれているはずだし，他者を知ることの哀しみや喜びもあるだろう。

　とは言っても読者の皆さんに「本書の使い方」を指示するほど，たいそうな本でもない。学校の教室や市民の勉強会で教科書として使っていただくための便宜もそれなりに施してはあるけれども，どの章からでも結構，ご自分に興味のある題材から拾い読みしていただいて，たとえばここで紹介する著者たちのほかの著作にまで手を広げてくれれば本当にうれしい。私としてはまず，このような元気の出る文章を書き続けている著者たちに尊敬と感謝の気持ちを伝えたい。また，日本語で書かれたものだけに限定しても，今回紹介できなかったすばらしい著作や尊敬に値する著者は多い。それらについても，これを出発点として皆さんが自分で歩んでいってほしい。

　多くの拙さが目立つ本ではあるけれども，いわゆる「リーダー（読本）」との違いがあるとすれば，それは，どんなにすぐれた論考や含蓄あるエッセーでも，それをそのまま丸投げしたくはなかったこと，一度は私自身の心と体を通すことで，これを読む皆さんにも身近に響くものとしたかったという思いだ。そのような出会いの起点となることを願ってこの本を，皆さんの手元に届けよう。そう，孤独に語りながら，その実，無限に私たちに開かれた，ハムレットの独白のように。

　　2001年12月

　　　　　　　　　　　　　　　　　　　　　　　　　　本橋　哲也

〈目　次〉

前書き──この本を使う人のために　iii

序章　カルチュラル・スタディーズへのアプローチ──その問題意識 ……3
 1　グローバルとローカル　*4*
 2　〈文化研究〉と〈文化の研究〉　*5*
 3　現代文化における「年齢」と「健康」　*7*
 4　文化における問題領域を設定する　*8*
 5　「国家」「国民」とは何か？　*11*
 6　国民国家と語り　*12*
 7　国民国家は弱体化したか？　*14*
 8　周縁からの呼びかけに応答する　*15*
 9　〈文化〉をどう定義するか？　*16*
  (1)高級文化と低俗文化　*16*／(2)意味生産のシステムとしての文化　*18*／(3)抵抗運動のなかの文化　*20*
 10　カルチュラル・スタディーズの構え　*21*
  (1)折衷性　*21*／(2)意味生産作用　*21*／(3)起源への問い　*23*／(4)知識と権力　*24*
 11　カルチュラル・スタディーズとグローバリズム／トランスナショナリズム　*25*
 12　文化の翻訳　*28*
 13　文化の政治学へ向けて　*31*
 ●こんな本も読んでみよう　*33*

第1章　他者──文化の力学 ……………………………………37
 1　個人と政治　*38*
 2　抵抗としての文化　*39*
 3　他者の文化　*39*
 4　旅行記のなかの自己と他者　*40*
 5　体験の相互性　*41*

     6　文化相対主義　*42*
     7　当事者の証言／観察者の評価　*42*
     8　私は何を知っているか？　*43*
     9　文化受容の政治学　*44*
    10　「出来事」の衝撃　*45*
    11　解釈と差別　*46*
    12　「真実」としての「秘密」　*50*
    13　解釈の暴力，伝統の誇り　*52*
    14　文化のなかの雑種性，逆説としての文化　*53*
    15　「連帯」としての批判に向けて　*55*
    ●こんな本も読んでみよう　*60*

第2章　言語——権力の言葉，言葉の力　*63*

     1　植民地支配と言語　*64*
     2　「英語」と「イギリス語」　*65*
     3　英語の国際性　*67*
     4　言語と植民地主義　*68*
     5　英語の「普遍性」　*70*
     6　植民地女性の征服　*71*
     7　歴史意識としてのポストコロニアリティ　*72*
     8　理論的実践としてのポストコロニアル研究　*73*
     9　フリールの国民主義　*73*
    10　歴史意識と国民的共同体　*74*
    11　植民地主義の否認をどう批判するか　*75*
    ●こんな本も読んでみよう　*77*

第3章　メディア——出来事への共振　*81*

     1　メディアの裏を読む　*82*
     2　ペルー日本大使館公邸占拠事件　*83*

3　「日本人の安否」　83
　4　「事件」の深層　84
　5　メディアにおける武力行使肯定　85
　6　「武力行使」の現実　86
　7　日本人のペルーへの無関心　88
　8　マスメディアがとりあげたゲリラの「人間らしさ」　88
　9　慟哭する「チャビン・デ・ワンタル」　90
　●こんな本も読んでみよう　91

第4章　SF——電子的身体の政治学 ……………………………… 93
　1　ヴァーチャル・リアリティの「身体経験」　94
　2　コンピューター・ネット上の仮装／仮想　95
　3　性的マイノリティのヒロイン　97
　4　SFの歴史とセクシュアリティ　99
　5　サイバースペースのアリス　102
　6　ヴァーチャル・セックスとしてのレズビアニズム　105
　7　サイバースペースと「文化感染」したセクシュアリティ　106
　●こんな本も読んでみよう　109

第5章　都市——消費する／される人間 …………………………… 111
　1　都市生活者のまなざし　112
　2　近代のまなざし　113
　3　帝国主義の祭典　114
　4　消費文化の広告塔　117
　5　大衆娯楽的なスペクタクル　117
　6　革命から消費へ　118
　7　権力作用のミクロな考察　119
　8　象徴から記号へ　120
　9　オリンピック——スポーツの万国博　121

●こんな本も読んでみよう　*124*

第6章　スポーツ──境界を侵犯するアスリート ………………………… *127*
　　1　国境を越えるスポーツ　*128*
　　2　ナショナルに閉じられたベースボール　*129*
　　3　「日本野球」の外部の出現　*133*
　　4　共同体内の「異端児」の記憶　*134*
　　5　敗戦体験を通じた「野球道」への反逆　*135*
　　6　抗議から批判へ　*138*
　　7　スポーツ・ジャーナリズムとナショナリズム　*138*
　　8　境界侵犯する身体　*139*
　　●こんな本も読んでみよう　*142*

第7章　マンガ──若者文化の解釈学 …………………………………… *145*
　　1　○×試験と知識　*146*
　　2　小林よしのり現象　*146*
　　3　日常性の世代　*150*
　　4　身体的実感主義　*150*
　　5　インテリへの反感　*151*
　　6　癒しの装置としてのマンガ　*152*
　　7　歴史学の視点　*155*
　　●こんな本も読んでみよう　*158*

第8章　性──「弱者」への応答 ………………………………………… *159*
　　1　応答責任　*160*
　　2　歴史修正主義と実証主義　*160*
　　3　パラダイムと発話主体　*164*
　　4　マジョリティが他者の問いに直面するとき　*166*
　　5　応答する可能性の有無　*167*

6　幼児虐待の記憶とトラウマ　*169*
　　　7　無力な犠牲者への同一化　*171*
　　　8　出来事・証言・国民化の語りの時間性　*173*
　　　9　「体験」としての性　*174*
　　10　出来事の不意の到来　*177*
　　11　証言と出来事の分有　*178*
　　●こんな本も読んでみよう　*182*

第9章　民族——断絶を超える架け橋 ……………………………… *183*
　　　1　弱者の痛み，強者の無関心　*184*
　　　2　プリーモ・レーヴィの生と死　*185*
　　　3　収容所における断絶　*186*
　　　4　「加害者」との再会　*190*
　　　5　ミュラーのような日本人　*192*
　　　6　「民族性」の超越とは？　*195*
　　●こんな本も読んでみよう　*199*

第10章　歴史——過去と現在の連接 ………………………………… *201*
　　　1　歴史的現在としての今　*202*
　　　2　忘却のポリティクス　*202*
　　　3　記憶のポリティクス　*205*
　　　4　関節の外れた時間　*205*
　　　5　応答可能性としての責任　*206*
　　　6　応答可能性としての戦後責任　*207*
　　　7　国境を越える応答責任　*209*
　　　8　「日本人」だけがなし得る戦後責任　*212*
　　　9　他者の呼びかけに応答する　*220*
　　●こんな本も読んでみよう　*224*

終章──文化の実践 …………………………………………………… 227
   1 文化は生きている *228*
   2 批判するカルチュラル・スタディーズ *228*
   3 行動するカルチュラル・スタディーズ *229*
   4 他者から見た歴史 *229*
   5 文化の力学 *230*
   6 専門領域の解体 *231*
   7 知の脱植民地化 *231*
   8 日常の政治の詩学のために *232*

結語──記憶の演劇 *234*
事項索引 *238*／ **人名索引** *243*

キーワード

1 自己と他者 *5*／2 コンテクストと言説 *22*／3 イデオロギー *23*／4 主体 *23*／5 ヘゲモニー *25*／6 植民地主義（コロニアリズム）*47*／7 在日 *65*／8 マスメディアの「中立性」*87*／9 ジェンダーとセクシュアリティ *98*／10 自己の二重性 *116*／11 アメリカと東アジアの「戦後」*131*／12 アイデンティティ *149*／13 歴史／物語／証言 *162*／14 視線と権力 *189*／15 戦争責任と戦後責任 *208*

ノート

分有 *16*／サブカルチャー *18*／認識のカテゴリー *19*／通時的／共時的 *21*／領有 *30*／人種 *38*／無知について *43*／さまざまな差別の言説 *49*／私たちの周りの少女たち *54*／織物とテクスト *56*／外国語理解能力とは？ *70*／演劇としての博覧会 *114*／日本野球の現状 *135*／「長嶋」の記憶 *137*／癒しとは何か？ *154*／証言と出会う *198*／「特需」の物語からの解放 *203*／女性国際戦犯法廷 *214*／「在日」と日本国憲法 *217*／日本国籍取得緩和法案 *219*／歴史主体論争 *221*

カルチュラル・スタディーズへの招待

序章
カルチュラル・スタディーズへのアプローチ
──その問題意識──

Think globally, act locally.
（地球大に思考しよう，
そして活動は自分の現場で。）

1　グローバルとローカル

　現代のようにインターネットなどの情報技術が発展し，情報だけでなく資本や労働力も地球大の規模で移動し効果を発揮するようになると，つねに想像力の翼を大きく広げながら，しかし日常的には自分の現場で頑張って活動しよう，というのが「正しい」運動のあり方のように思われる。それはたしかにそうなのだが，でもそれだけでは「理論＝思考＝教室」と「実践＝行動＝実社会」とを二項対立させる発想とそれほど変わらなくなってしまうのではなかろうか。

　まず「グローバル」といっても，そこでの活動媒体はあくまで局地的なつながりを持った個人や文化，社会様式であり，また「ローカル」といっても世界のほかの地域に影響を受けない孤立した現場などというものは，もはやあり得ない。またインターネットや携帯電話，テレビゲームなどが蔓延する情報環境は，生活地域や企業社会，教育同窓体などを規定していた既存のつながりと共同体幻想を揺るがし，社会関係は稀薄になり傍観主義を助長する。しかし一方で，これまではあり得なかった距離や時空間を越える人間関係——興味関心を共有する世界の他地域の人々との交流から，電話１本で肉体関係にまで進展する可能性のある男女交際の仕方まで——が可能になっている。

　そうした状況において社会変革の可能性を展望し，文化を支える権力構造を分析するためには，グローバルとローカルを区別したうえで，どちらかに思惟や行為の優先権を与えることは，あまり有効な方法とは言えないのではないか。私たちに必要なのは，グローバルな力とローカルな場，グローバルな領域の広がりとローカルなせめぎあいとを，つねに重層的に，さまざまな権力の交錯する様相とともにとらえる試みである。そして，これから皆さんと考え，読み，構想し，行動していこうとするカルチュラル・スタディーズも，そのような思考／試行／志向である，とひとまずは言えるだろう。

2 〈文化研究〉と〈文化の研究〉

　カルチュラル・スタディーズ，日本語にすれば〈文化研究〉，ということになるだろうか。まずは理解の手がかりとして，その文化研究とスタディ・オヴ・カルチャー，つまり〈文化の研究〉というのを区別することから始めてみたい。

　さて，〈文化の研究〉と言ったときに前提とされるのは，そこで対象とされている文化が，文学とか美術のようないわゆる「高級文化」ないしは「支配的文化」であろうと，あるいはマスメディアやマンガ，ポピュラー音楽，ファッションなどといった「サブカルチャー」あるいは「抵抗的文化」であろうと，文化をある本質的な，あらかじめ与えられた実体としてほかの「非文化的なもの」と区別して想定する態度ではないだろうか？

　ところが，それに対して〈カルチュラル・スタディーズ＝文化研究〉の根本にあるのは，文化を特定の歴史や社会状況における構築物としてとらえる問題意識である。つまりそこで焦点となるのは政治性，言い換えれば，異なる権力関係のなかでいかにして，ある〈文化〉が〈非文化〉を排除し，〈自己〉が〈他者〉を周縁化して，2つのあいだに境界線を引いていくかの過程なのだ。

キーワード1 ※〈自己と他者〉

　無人島にひとり生きるのでないかぎり，これが人間関係の基本だろう。赤ん坊が母親の存在を意識するとき，子供が学校で共同生活を習うとき，若者が誰かを好きになるとき，旅をして自分が育ってきたのとはまったく異なる環境に置かれたとき，何年も共に生活してきた伴侶に不可解な謎を発見したとき…私たちはさまざまな環境に生きながら，さまざまな他者体験をしている。

　そしてそのような自と他の関係の根本には力関係がある。親と子，男と女，教師と生徒，大人と子供，金持ちと貧乏人，「西洋人」と「東洋人」，結婚している人といない人，異性を好きになる人と同性を好きになる人，

「日本人」と「在日」の人…自分たちの身の回りを無数のそうした関係性が覆っており，私たちは一瞬たりともそうした権力関係から自由ではあり得ない。対人恐怖とか，劣等感／優越感，差別感情などといった現象もその現れである。しかしそうした力関係を軸にした自己と他者との関係を，その力関係によって成り立っている文化の側から考えると，次のようなことが言える。つまり，誰が自己であり，誰が他者かを決めているのは，ある文化を支えている特定の社会体制の内部と外部のどちらにその人が属しているかを決定するような力関係，言い換えればその社会の規則や慣習や礼法などである，と。そのような社会的・文化的しくみによって，ある体制から排除されている存在が，他者ということになるのだ。

　よってたとえば，教育至上主義の世の中では，「勉強しない子供」が他者ということになり，男性中心主義的な社会では「女性」が他者であり，資本主義を旨とする体制ではそれに異を唱えるものが他者となり，西洋が非西洋を排除して成り立っているような価値観では「東洋」が他者とされる。あらゆる社会や文化が，複数の要素が絡み合った包含と排除のメカニズム，言いかえれば境界線の力学で成り立っているので，「自分さえしっかりしていれば」とか「エゴイズムはいけない」とか「他人には親切にしよう」といった類いの，学校でよく教えられたり，町の標語に取り上げられたりする言い方では，そのような力関係の本質にはまったく迫ることができないのではないだろうか。

　そのような発想はともすれば，自分たちとは異なる（と見なされた）「異分子」（＝「外国人」，「ホームレス」，「引きこもり」など）を排除する力が異常に強いこの日本社会では，そうした人々を差別する草の根ファシズムの温床ともなる。あるいはたとえばアメリカ合州国では，階級上昇に見込みがない「怠け者」の「犯罪者予備軍」を「アンダークラス」と呼び，彼らを公共空間から排除し，刑務所に収容する「社会浄化政策」を90年代になって都市支配層が採用するようになった。その結果，多くのアフリカ系やラテン系の人口が都市の表層から排除され，このような〈他者〉の姿は「安全にきれいになったアメリカの都市」というイメージの下，旅行者や

在住者という〈自己〉の目に触れることさえ少なくなるのだ。

　同様のことが，ある国家の中で少数民族であったり，歴史的に抑圧されてきた共同体の成員であったりした事情から，国際社会から見れば国籍を持たない「難民」として，世界を漂流せざるを得ない人々についても言える（イスラエルにおけるパレスチナ人，トルコにおけるクルド人，インドネシアにおけるティモール人，旧ユーゴスラヴィア連邦の人々などが，最近ニュースなどでも取り上げられて注目度の高い人々だろうが，地域紛争が多発している現在の世界にあって，それこそ無数の「難民」が世界中を放浪しているのが現状ではないだろうか）。いわば「文化の多様性」や「差異への寛容」，「国際的交流や連帯」という名の下に，その「多様さ」や「違い」や「交流」の中にさえ入れてもらえない〈絶対的他者〉が析出され，社会共同体の外に放逐されているのである。

　カルチュラル・スタディーズによる文化への接近方法は，つねにこのような自己と他者とのあいだの線引きのプロセスに関わる力関係を問い直そうとする。

3　現代文化における「年齢」と「健康」

　カルチュラル・スタディーズが問題とする文化のありかたについて，実例を挙げて考えてみよう。私たちの多くが住むこの「日本」という国では，最近，老齢化社会ということが言われており，青年・壮年労働者の働きだけでは，老年が養えなくなるとして，「介護保険」とか「自助努力」などがさかんに喧伝されるようになった。一方では健康ブームとかで，「カラダに優しい」とか「環境に配慮」といったキャッチフレーズもよく聞かれる。文化を特定の状況におけるひとつの構築物としてとらえ，その権力関係のなかでいかに自己と他者とが峻別されていくか，の過程を検討するカルチュラル・スタディーズの立場から，年齢や健康といった問題意識にどのように接近できるだろうか？

　まずこの場合，支配的な社会規範や文化的慣習によって規制や攻撃の対

象になっているのは,「老齢」とか「不健康」といったことになろう。ひるがえってそれらを標的としている側は,若年や健康を基準としていることになり,そこからさまざまな二項対立が導き出されて自他の線引きがされていく——たとえば労働／余暇,勤勉／怠惰,田舎／都会,中心／周縁,自立／依存,などなど。しかしそのような力関係の作られ方は,頭の中で,つまり観念の世界だけで行われているわけではない。すべては具体的な私たちの日常生活の現場で,繰り返され,あるときには強化され,あるときには転覆されながら,私たちの人間関係は構築されている。このような現場における力関係と,それを補強したり改変しようとするさまざまな思考や言葉の働き,その相互の介入に注目していくことが,カルチュラル・スタディーズにとっての出発点となる。ではたとえば健康や余暇,年齢といった問題関心について,具体的にどんな領域を設定することができ,そこではどのような広がりと深さをもった問いかけが可能になるのだろうか?

4　文化における問題領域を設定する

　自己と他者との関係を規定し,また変革していくプロセスを広い意味での政治的な「力学」と言うことができる。それは政府の政策とか,公的設備などといった年齢や健康に関わるパブリックな領域での出来事も含まれるだろうし,あるいは身近な人に年齢やからだの状態に関してどのような眼差しを向け,判断を下すのかといった,よりプライベートな事柄もあり得る。このような問題領域を〈他者〉とここでは呼ぼう（☞第1章）。

　さてそのような広い意味での政治的関係を,ある文化の中でときには支配的にしたり,ときには周縁のものにしたりするには,表現行為が欠かせない。年齢や健康に関することばや身振りによる表現がなければ,自他の関係は構築されるはずもないからだ。そのような表象の手段をここでは〈言語〉と呼ぼう（☞第2章）。それは「…語」と呼ばれるような「国民言語」の問題である場合もあれば,沈黙や表現の抑圧,あるいは身体による感情の発露のような場合もあるだろう。

だが言語はつねに（たとえ沈黙のうちに，あるいは独り言である場合でも）社会的な発話行為を生み出す。ということはそれを伝える器，媒体が必要だということだ。それは〈メディア〉と呼ばれる（☞第3章）。新聞，雑誌，テレビ，ラジオ，本，教室，井戸端会議，インターネット等々，さまざまなメディア上で，老人や健康に関する問題が語られているからこそ，私たち自身そうした議論に参加できる。また私たちはそうしたメディアの影響からまったく孤立して生きることはできないどころか，しばしばメディアに溢れる情報によって自らの知覚や態度決定をしばられている。

　さまざまなメディアのなかで，からだに関わる問題を一貫して扱ってきたジャンルのひとつとして〈SF〉を挙げることができる（☞第4章）。「空想科学小説」という俗称によって示唆されることとは異なり，SFはその時々の時代状況に即して人間の身体や心理の限界や可能性を問うてきた。サイボーグやアンドロイドといった形象も，空想の産物であると同時に想像力をテコにした現実への介入であるのだ。

　広告から文学まで，ミニコミ雑誌からコンピューターまで，メディアの影響力は，住む環境によって当然異なる。とくにそれを，さまざまな物質や情報，人体の交通量の多少によって判断しようという場合，そうした交通量の激しい環境を〈都市〉と呼ぶことにしよう（☞第5章）。それは必ずしも田舎ではない場所を指すとは限らず，田舎にも都市的環境はあり得る。情報や物質の交流が激しいということが，いわゆる「近代」という時代の特徴であるとすれば，都市とは近代の居住環境であるということにもなるはずだ。

　そうした都市でのさまざまな営みを考えたとき，文化の一側面として決して看過できないのが，余暇の問題である。それは，歴史上，祭り，カーニヴァル，祝い事，娯楽といったかたちで，消費の重要な一形態となってきたが，現代においてそれがもっとも典型的なかたちで現れるのが，〈スポーツ〉である（☞第6章）。オリンピックやパラリンピック，あるいは地域のスポーツ振興，などといったことを考えれば，それが老齢や健康の問題と密接に関わっているのがわかるだろう。

都市的な消費形態，あるいは現代における余暇の過ごされ方について考えるとき，テレビと同様，その受容の容易さ，メッセージの直截さゆえに甚大な影響力を持つのが〈マンガ〉である（☞第7章）。老いや子供の問題，世代間の確執や理解の可能性などについても，しばしばマンガがとくに若い世代に圧倒的な影響力を及ぼして，支配的な言説を形成する一助となっている。このことはたかが面白おかしい「サブカルチャー」の一部として軽視していい問題ではないだろう。

　人間が男と女という二類型において理解されている以上，〈性〉にまつわる現象，ジェンダーやセクシュアリティの問題は，どのような文化的現象を考える際にも基本となる（☞第8章）。この国における介護のイメージが，女性による夫の老親の世話に象徴される現象や，健康ブームが「強い男」や「新しい女」のイメージを繰り返し変奏するのもそのゆえだ。

　また性にまつわる力関係は，多くの場合，〈民族〉というカテゴリーにおける権力関係と連動する（☞第9章）。支配される女と支配する男，という男性中心主義的なメッセージは，さまざまな文化に通底している。しかし，性，民族，経済的格差，人種といったカテゴリーは単独に成立しているのではなく，複合的に作用することによって権力のネットワークが形成されていることに注目すべきである。老人や子供や女性を「弱者」として，庇護されるべきもの，あるいは排除されるべきものと考える発想も，そうした複合的作用の結果である。

　そのような民族の支配への抵抗，その抑圧の歴史を私たち自身の現在に繋げる試み，それが〈歴史〉の問題領域だ（☞第10章）。老齢や健康にまつわる意識が，どのように継承され，歴史化され，記憶されてきたのか，それは身体に関わる政治的力関係の考察の根本にある問いである。

　さて以上のようなカテゴリーが，この本の中でカルチュラル・スタディーズが問われるときの，便宜的な指標となる。それはあらゆる文化が含む問題領域の範疇であると同時に，決して独立しては存在し得ない相互構築的な人間の営みの現場でもあるのだ。

5 「国家」「国民」とは何か？

　そこでさらに応用問題として，たとえば「国家」という例をすこし詳しく考えてみよう。国家と聞いて皆さんは何を思い浮かべるだろうか？　制度としての国家，天皇制とか共和制とか大統領制とか，あるいは三権分立などといった統治に関わる機構のしくみについてだろうか。それとも「国民国家」，すなわち近代の民族的国家の典型として，資本とネーション（国民）とステート（国家）という三位一体の共同体のことだろうか。それとも植民地支配や帝国主義，現代世界における南北の格差に代表されるような，国家間の経済的・政治的力関係のことだろうか。あるいは，一国の中で父を長とする家族がピラミッド状に構築された家父長制の延長としてだろうか。そのどれもが，カルチュラル・スタディーズが問おうとする国家のあり方に深い関係があるのだが，ここでは私たちの国，つまり「日本」の成り立ちについてすこし想像を働かせてみよう。

　〈文化〉が私たち自身の世界を構成するものの総体を名指すものであるとすれば，それは「日本文化」とは同一であり得ないし，ましてや「日本国家」，「日本国民」，「日本語」とも完全に重なるものではないだろう。よって文化を考えるとは世界における自分自身の位置を見定めることでもあり，それは決して固定的ではなく，他者との関係において不断に変化する。自分の拠って立つ文化を見つめ直すこと，ここからカルチュラル・スタディーズも始まるのだ。

　日本という国家に暮らす私たちの多くは，ともすれば日本という国，日本人という国籍，日本語という言語，そして日本の文化を当たり前のこととして，疑うことの必要を感じないのではなかろうか？　しかし日本に暮らす人のすべてが日本人ではないこと，日本語といってもその実，きわめて多様なものであることは，少し考えればわかることだろう。

> **ブック**
>
> 小森陽一『〈ゆらぎ〉の日本文学』（NHK ブックス，1998年）は日本には「日本国籍―日本人―日本語―日本文化の無前提な実体化」があるとして批判する。たとえば「日本文学」の成立過程にも，内在する「他者」や「異分子」の存在が重要だとされるのである。

6　国民国家と語り

いまの問いを少し追及してみよう。つまり，国民国家と物語，国民国家についての語り，国民国家が作り出す語りを問題視すること。近代国民国家が「想像の共同体」（ベネディクト・アンダーソンの有名な定義による）であるとは，とりも直さず，学校，報道機関，監視機構，通信設備，交通網などといったさまざまな装置や統治の技術を通じて，私たちひとりひとりが「同一の」文化や歴史，民族性といった〈物語〉を共有するということだ。その意味で「その国に住む誰もが理解できる国語」による新聞，小説，映画といった表象を通して，私たちは日々自分が国民のひとりであることを奨励され，強制されている。しかし言うまでもなく，ある国家体制や政治制度に従属する国民と，同一の言語や文化を共有する民族とは同一ではないし，またさまざまな歴史的局面において，国家が要請する調和と統御の物語はほころびをあらわにしてしまうことがある。

> **ブック**
>
> Benedict Anderson, *Imagined Communities : Reflections on the Origin and Spread of Nationalism* (Verso, 1983/1991). 白石隆・白石さや訳『増補 想像の共同体――ナショナリズムの起源と流行』（NTT 出版，1997年）。いまだにナショナリズム論の古典だが，同時に国民国家を「想像の共同体」と名付けて，その「幻想」性を批判するだけでは不十分なことも明らかである。それぞれの特殊な状況に則して，いかにそうした「想像」が強力に機能し（あるいは機能

せず），さまざまな想像を生んでいったかの検証が必要である。カルチュラル・スタディーズはあくまで日常の特殊な事例にこだわるからだ。

　たとえば日本では色々なイベントが「国民的関心の高い重大事件」と名付けられ，それらに大した関心も持たない人までも「国民」の1語でマスメディアは，物語の罠に捕らえようとする。こうした例は私たちの回りに多く見受けられる——自然環境破壊を伴うこともある博覧会のようなイベント，オリンピックなどの「感動」を強要するスペクタクル，学校の入学式・卒業式などの集団的規律を遵守する儀礼，テレビ・新聞のコマーシャルを通じて大企業が有利な地位にある構造での消費者の市場動員。私たちの日常は〈他者〉への想像力を鈍磨させ，安易な理解を拒むはずの出来事の衝撃を忘れさせ，生身の証言や苦悩に向き合う勇気を失わせる，優しく心地よい「国民の物語」に満ちている。
　さらにそうした「ネーションの物語」は多くの身体的な統制を伴う。たとえば国歌の斉唱，国旗への敬礼，時刻による秩序，整列や行進，祝日の遵守など。それは反復によって，それとは意識されない統合を目指すのだ。そうした「教育的慣行」の積み重ねが，個人が「否」と言うことを難しくするばかりか，違和感を抱き続け，居心地の悪さを記憶の中に蓄積させていくことさえ困難にしてしまう。習慣が物語の作り手と受け手との関係を見えなくさせ，そこに潜む権力関係を隠蔽してしまうのである。
　つまりここで大事なことは，一方において「国家」が支配階級に都合のよい物語の生産によって，「国民」や「文化」を単一的に表象し，支配の基盤となる階級分化と精神統合を目指すという認識を持ちながら，同時に他方では，そのような「国家」において，過去も現在もさまざまな勢力が拮抗していることを認識することだ。国家を民衆や大衆と対立的に捉えてはならない。国家はその傘下にある衆生が権利を確保しようとする場であり，彼ら・彼女らがそのようにして獲得してきた権利を保証する所でもある。よって「国民の物語」を批判するときには，その批判が誰の利益を代弁し

ておこなわれているのか，誰のためになるのか，ならないのかをつねに意識する必要がある。「国民国家」は虚構だ，国家の物語は解体せねばならない，などと言ったところで，そのような発言自体がどのような社会的権力構造の中で行われているかの冷静な認識がなければ，むしろより有害な支配と抑圧を見過ごすことになりかねないし，「国民国家の詐術」そのものもびくともしないだろう。

7　国民国家は弱体化したか？

　グローバリゼーション，グローバル化した世界などと言われるように，冷戦崩壊後の1990年代以降，経済・金融・情報の急速な一元化によって国民国家の枠組みが揺らいでいる。国境を越えた多国籍企業やその利益を代弁する国際金融機構である世界銀行，国際通貨基金，世界貿易機構といった富者を代表する組織の支配力が増強し，「南の第三世界」と「北の第一世界」との貧富差が拡大し，その結果としての移民労働者が急増している。他方でそのような既存の枠組みの揺らぎに対する反動として，ナショナリズムを強化し，「改革」という名のもとに教育制度や労働政策の「改悪」を目指そうとする内向きの動きもある。

　そのような選ばれた少数の企業や機関の外への「自由な」拡張と，国家の内側の大多数の弱者を切り捨てて，国家にとって重荷となった福祉や社会保障を民営化し市場原理に委ねてしまおうという動きを，ひろくネオリベラリズム＝新自由主義と呼ぶことができる。国家を批判したり，解体しようという発想も，この新自由主義に対する批判的視点を欠くかぎり，有効なものとはなり得ず，あいかわらず国家を抑圧装置として，自らをその犠牲者，あるいは犠牲者を代弁する知識人として幻想する轍をふむことになるだけだろう。

　現状批判の契機が決定的に重要なカルチュラル・スタディーズにとって，国家という言説・イデオロギー・文化の装置を批判する際に，新自由主義とネオナショナリズム＝新国家主義とを念頭において，分析と批評を行う

ことは基本である。現代において，自らが生活し，貢献し，利害関係のただなかにある新自由主義（今の世界でいったい誰が，市場や資本や金銭や商品や労使関係やマスメディアや教育機関と関わりを持たずに生きることができるだろうか？）への視角なくして，文化を支える力関係を批判することはできないからだ。

8 周縁からの呼びかけに応答する

　まずは自分自身に問うてみよう。政治的経済的に抑圧された者たちにとって，現代がいまだに植民地主義をひきずり専制主義的であるように，私たち自身もネーションの物語の心地よさに安住し，そのような国家の庇護や物語の慰安を持てない人々をどこかで排除してはいないだろうか？「不法入国した外国人」を社会の害毒ででもあるかのように扱う発言が，いまだに多くの支持を集めるこの国の多くの人々にとって，ネーションの語りが両刃の剣であるとの認識が今ほど求められているときはない。カルチュラル・スタディーズが行う国家への問いかけ，それは，ナショナルな物語を持てない人々の周縁からの呼びかけに答えるために，まず自らが依拠する国家——国籍，言語，文化，歴史——の自明性を疑うことだ。

　カルチュラル・スタディーズが文化を問い直すとき，その問題意識は単一の起源や権威ある伝統に寄りかかった，安心をもたらす国家の物語の生産過程を批判的に分析する。しかしそれは，批判の対象から「学問的で冷静な距離」を置くこととは違う。カルチュラル・スタディーズの批判は，外からのものではなく，内部者として，その文化のただなかで暮らす者の疑問から始まるからだ。個々でローカルな出来事の衝撃に打ちのめされたり，その前で立ち止まったりしながら，同時にそれを普遍的な次元で想像し，他者に向けて語り継ごうとすること。カルチュラル・スタディーズにとって，支配的な歴史の語りの中で周縁化された他者や，抑圧されたマイノリティの声を聞こうとすることが重要なのも，そうしたローカルとユニバーサル，個人と普遍との対立ではなく〈分有〉が目指されるからだ。

> **ノート 〈分有〉**
> partageの訳。分け合うとともに，責任などを分担してになう，という意味合いがある。他者との関係において，分有は自己の変革をもたらす契機として，ここでは積極的にとらえている。

9 〈文化〉をどう定義するか？

ここでひとまず出発点に戻ったつもりで，文化の定義を3つほど挙げながら，カルチュラル・スタディーズへの接近方法を整理してみよう。ここで重要なのは，文化の定義として何が正解なのか，ということよりも，文化という概念の持つ多様な側面を探ることで，カルチュラル・スタディーズの問題意識への手掛かりをつかむことだ。

(1) 高級文化と低俗文化

最初は，イギリスにおけるカルチュラル・スタディーズの運動に大きな影響を与えたレイモンド・ウィリアムズが，『キイワード辞典』(1976年)の中でしている説明を紹介しよう。ウィリアムズは〈文化＝カルチャー〉という語がヨーロッパにおいてどのような意味の変遷を辿ってきたのかを歴史的に考察しながら，それが19世紀初頭のロマン主義運動の中で，「物質的」で「機械的」な産業文明の登場に対する反動として「人間的」な人類の進歩形態を指し示すものとして定着してきたと述べる。そこから生じたのが，音楽，絵画，文学などのいわゆる美的・精神的・知的・芸術的活動を〈文化〉とする，今日もっとも広く使われる用法だ。そうした文化理解の代表として，たとえばマシュー・アーノルドの『教養と無秩序』(1867年)を挙げることができる。アーノルドはこのなかではっきり文化を，それより劣る「非文化」と区別して使っている。ここにいわゆる〈高級文化＝ハイカルチャー〉という「真の文化」と，〈低俗文化＝マスカルチャー〉の区別／差別という（カルチュラル・スタディーズが問題視してきた）二分法

があることは明らかだろう。

　しかしウィリアムズによれば，同時代にたとえばエドワード・タイラーという人類学者が『原始文化』（1870年）で使ったように，ある集団の特定の生活様式を文化と呼ぶ用法，この場合はヨーロッパ文化を基準として「他者」の文化を遅れたものとして位置づける視線が問題になるわけだが，そのような人類学的用法も並行して存在するようになった。こうした用法に対する反動として，20世紀初頭から，知的な高級文化一般に敵意を抱き，そのかわりに民衆文化や，より小さな集団のサブカルチャーに注目する動きも出てくるようになる。

　こうした説明を行うウィリアムズにとって，文化とは，人間生活全般に関わるものであり，単に芸術や教育のような「洗練された伝統」だけでなく，社会制度や日常生活のなかの一定の意味や価値を表現するものと考えられていたのである。

ブック

Raymond Williams, *Keywords : A Vocabulary of Culture and Society* (Fontana, 1976).（岡崎康一訳『キイワード辞典』晶文社，1980年）
　ウィリアムズ（1921-88）はリチャード・ホガートなどと並んで，初期のイギリスでのカルチュラル・スタディーズの運動に大きな影響を与えた創始者の1人。この本では，ある概念が文化と社会によっていかに歴史的に意味を変遷させてきたかをたどることによって，社会関係や文化制度と人間主体の構築とのつながりが照らし出されている。

Matthew Arnold, *Culture and Anarchy,* R.H. Super ed., *The Complete Prose Works* (The University of Michigan Press, 1962).
　アーノルドにとってカルチャーとは個人の精神修養に関わる「高度な教養」のことだった。本書でアーノルドは，「良心の厳格さ」を本質とするヘブライイズムと「良心の自然な発露」が本質であるヘレニズムとが融合され，普遍的秩序の達成を目指す成熟した人生を奨励した。

> **ノート** 〈サブカルチャー〉
>
> 社会的に支配的な文化と異なる傾向のある小集団の文化で，とくに音楽，風俗，言葉遣い，服装などに典型的に示される。大衆文化（mass culture）よりは抵抗的な側面が強調され，対抗文化（counter culture）よりは保守的であるとのニュアンスを含む。サブカルチャーは支配的体制に象徴的な反抗の可能性を孕んでいるが，ときに支配文化を支え，さまざまな差別を助長することもある。

(2) 意味生産のシステムとしての文化

このような〈文化〉という語の意味の変遷を踏まえて，次に文化批評用語辞典のひとつピーター・ブルッカーの『文化理論』（1999年）を見てみると，そこで強調されているのは，マルクス主義の文化理論との対比，すなわち，経済的な要素を基盤，ベースとし，文化的イデオロギー的な要素をそれに従属する二次的な上部構造とするモデルとの対比である。文化の研究は，価値の想定と無縁ではあり得ない。研究者や研究対象である作品や人物の意味産出活動，価値判断があってはじめて文化が研究されているわけで，スタディ・オヴ・カルチャー（文化の研究）はこうした価値判断を含むにもかかわらず，あたかも中立の立場から研究している姿勢を装っている。そしてカルチュラル・スタディーズの方は，そうした立場の政治性・社会的力関係をこそ問題にすると言えるだろう。

ブック

Peter Brooker, *Cultural Theory : A Glossary*（Arnold, 1999）．有元健・本橋哲也訳『カルチュラル・スタディーズ辞典』（新曜社，近刊）。

ここで重要なのは，文化が意味生産のシステムであって，そこから特定の社会秩序が伝達され，再生産され，体験されるという点である。言い換えれば，文化的な活動は，芸術作品の創造にせよ，生活習慣の実践にせよ，社会秩序を構成するものであって，あらかじめ与えられた秩序を表現するものではない，ということだ。となると当然，構成する諸々の力のせめぎあい，つまり階級や，人種，エスニシティ，ジェンダー，セクシュアリティ，宗教，年齢などによって複合的に影響される差異や多様性に侵された場の政治的力関係こそが，文化をよりダイナミックなものとして見ようとするとき注目されるようになるのである。

> **ノート** 〈認識のカテゴリー〉
>
> 　階級・人種・ジェンダーなどのカテゴリーによる自己認識や他者の認知を考えるとき重要なことは，それぞれのカテゴリーが決して独立しては機能せず，複合的に働くことだ。そのことを忘れてしまうと，「この問題については，人種問題（植民地支配や民族差別の問題）よりも性的差別の問題（社会的な性差，性的欲望や性行動の表現）のほうが優先する／しない」といった誤った考え方が導き出される恐れがある。
>
> 　たとえば次のような例を考えればわかりやすいだろう。多くの場合，「西洋人男性」と「西洋人女性」との関係は，ジェンダーの上で，「男＝社会的に認められた男らしさ (masculinity)＝M」対「女＝社会的に認められた女らしさ (femininity)＝F」で表されるが，それに植民地的・民族差別的支配関係を加えて考えると，たとえば「西洋人女性」と「非西洋人女性」との関係は，「M」対「F」となることが多いだろう。つまり「西洋人女性」は，「非西洋人女性」と対したとき，支配的な男性の位置に自分を同一化することによって，自らを「西洋人」として人種的に確立するのであり，また逆に，「西洋人」としての自意識が「男性」的な社会的位置に自らを据えるのである（もちろんここで言う，「西洋」や「男性」は，実際の国民国家や民族，生物的な男性とは重ならない場合がある。たとえば「日本人女性」も「フィリピンからの農村花嫁」などに対して，M 対 F の関係に立ち得る）。

(3) 抵抗運動のなかの文化

3番目として,徐 京 植(ソ・キョンシク)の文章(『思想』1996年1月)を参照すると,そこで徐は文化を「静態的かつア・プリオリなものとして捉える」見方を否定して,フランツ・ファノンの次のような言葉を引用している——「人は文化を出発点として民族を証明するのではなく,占領軍に抗して民衆の行う闘いのなかで文化を表明するのだ」。ここから徐は,「支配的な文化,植民者の,先進資本主義国の,多数派民族の文化から見れば,『資格』を喪失したものたちが,差別や抑圧に抵抗する運動のなかにこそ,文化が,動態的で創造的な文化が存在する」と言う。私たちがここで考えたいカルチュラル・スタディーズのありようもそうした意識や意思と切り離せない。

> **ブック**
>
> 『思想』1996年1月号は,「カルチュラル・スタディーズ——新しい文化批判のために」と名付けられ,徐の巻頭エッセイを始めとして,とくにアジア太平洋地域からの重要な論考が掲載されている。『現代思想』1996年3月号「カルチュラル・スタディーズ」,『言語』2000年3月号「カルチュラル・スタディーズとはなにか」などと並んで,日本におけるカルチュラル・スタディーズの動向を考えるとき,外せない雑誌特集号である。
> フランツ・ファノン『地に呪われたる者』鈴木道彦・浦野衣子訳
> 　ファノンの言葉は,フランツ・ファノン『地に呪われたる者』(鈴木道彦・浦野衣子訳,フランツ・ファノン著作集第3巻,みすず書房,1969年,127頁)からの引用。ファノンは反植民地主義闘争,ポストコロニアル批評,そして政治的実践としてのカルチュラル・スタディーズを考える時,重要な原点となる。この点で冨山一郎「対抗と遡行——フランツ・ファノンの叙述をめぐって」(『思想』1996年8月)がファノンの文体に,学問に潜む権力性への批判を読み解いており参考になる。

序章　カルチュラル・スタディーズへのアプローチ　21

10　カルチュラル・スタディーズの構え

　ここで以上のような考え方をカルチュラル・スタディーズがどうして取り得るのか，その構え(スタンス)を箇条書き風に整理しておこう。

(1)　折衷性

　カルチュラル・スタディーズは，社会学や哲学のようなひとつの独立した学問分野を形成しない。それはさまざまな議論の空間を結合し広げていく場ないしは接点として，言葉の真の意味で領域横断的である。よってカルチュラル・スタディーズに理論があるとすれば，それはなんらかの権威を持った統一的なものではなく，具体的な問題の場に則した折衷的なものだ。カルチュラル・スタディーズは，ほかの学問領域に対して別の方策，オルタナティヴを提供するというよりは，さまざまな領域を横断するような研究姿勢から成り立っている。たとえば社会学におけるシンボリックな相互作用の重視，文学研究におけるテクスト性の重視と言語作用への関心，言語学の記号論的探究と通時的な意味論研究，社会人類学における民族学誌の方法，芸術史におけるイメージや図像解釈研究，社会史における下層の民衆から見た歴史の構築，こうした雑多な研究姿勢をカルチュラル・スタディーズは取り入れてきた。

> **ノート** 〈通時的／共時的（diachronic/synchronic）〉
> 　スイスの言語学者フェルディナン・ド・ソシュールの用語。通時的言語研究がある言語の起源や歴史，変化などを研究するのに対し，共時的言語研究はある特定の瞬間における言語体系を研究する。

(2)　意味生産作用

　カルチュラル・スタディーズは，意味とはつねに特定のコンテクストに縛られ，特殊な言説の編成や発話の戦略に依存していることを重視する。

つまり，あるテクストがどのような場で生産され，どのような条件のもとで流通し，それを受容するのはどのような人々で，いかなる歴史の契機と関わり，どんな組織や言説の構造がそこに働いているのか？　ある発言は，いったい誰がどんな場で，誰の利益や関心のために行い，それがどんな効果を持ち得ているのか，いないのか？　カルチュラル・スタディーズの中心にあるのは，こうした言葉の持つ力への問いである。以下，ここでの主要な概念について説明していこう。

キーワード2 ❖ 〈コンテクストと言説〉

　意味を限定したり，明確にする文脈や歴史的背景，前後関係を指すが，より広くは，作品やテクストの時代や作者についての知識，社会的慣習や文学的伝統なども含まれる。そう考えればコンテクストは無限の広がりを持つものとなり，それを完全に把握することは不可能である。さらにコンテクスト自体も，書かれた文書や伝えられてきた情報から作られるので，それも一種のテクストに他ならないことになる。よって存在するのはテクストだけであるという議論も成り立つ。

　言説はフランス語でディスクール (discours)，イギリス語でディスコース (discourse)。カルチュラル・スタディーズでは，ある主題を議論したり知識を伝える言語が使用される際に，そのような知を構成する社会的・文化的コンテクストを言説と呼ぶ。どんな社会や文化も複数の異なる言説がせめぎあうなかで，特定の時期においてはある言説が支配的となり，ときにそれはイデオロギーと呼ばれる。つまりさまざまな知の領域，政治や美学，法や性，医学，哲学，文学，歴史などのなかでも，言説の闘争がつねに起こっており，そのような知を形成する個々のテクストの意味も，そうした社会的・文化的な環境の影響を免れることはできない。

キーワード3 ❖ 〈イデオロギー〉

　マルクスとエンゲルスによれば，イデオロギーとは真の社会関係を隠蔽する観念として，主体から本来の動機を奪う「虚偽意識」である。しかし

カルチュラル・スタディーズにおけるイデオロギー理解に大きな影響を与えたルイ・アルチュセール（Louis Althusser, 1918-1990）は、イデオロギーを「個人がその存在の諸条件に対して持っている想像的関係の表象」であるとした。つまり人間が社会的・政治的関係のただなかで生きざるを得ない以上、私たちはさまざまな対立関係の中で政治的価値判断をつねに迫られており、私たちの主体はそのような価値判断としてのなんらかのイデオロギーに従って形成されることになる。よってどんな社会的問題に関しても、中立の脱イデオロギー的立場などというものはあり得ない。カルチュラル・スタディーズはそのようなイデオロギーの普遍性を踏まえながら、特定の歴史的体験に基づく人間たちが抱く価値観のせめぎ合いの結果として、文化をとらえるのである。

(3) 起源への疑い

カルチュラル・スタディーズは「起源」や単一のアイデンティティを創造する「物語」に懐疑的である。そうした語りが、あらゆる主体、国民国家、人種、民族など、全てのアイデンティティをひとつの「真実」として構築するプロセスを暴き出すという点で、カルチュラル・スタディーズは文化的意味生産におけるテクスト性（textuality）の役割、すなわちテクストが媒介したり構成したりする作用に注目するのだ。

キーワード4 ❖〈主体〉

日常生活でも「主体性がある」とか「主体的だ」とか言うけれども、そのときには「自分自身の考えをもって行動する」といったほどの意味だろう。カルチュラル・スタディーズは、まさにこの「自分自身」のありかた、より正確には「作られ方」を問題にする。主体（subject）とは、subjectという単語が「従属する」という意味合いも含むように、他者との力関係においてはじめて成り立つものだからである。

たとえばアルチュセールは、個々の主体を構築するためにイデオロギーが機能する社会的機関をイデオロギー的国家装置と呼んだ。（『アルチュセー

ルの〈イデオロギー〉論』（三交社），『国家とイデオロギー』（福村出版））つまり学校，教会，家族，文化産業などがそれで，特定の支配的イデオロギーによって，個人は主体となるように呼びかけられ，支配的な社会的生産関係を維持するために必要な存在となる。人は，たとえば警察官や教師の「おい，そこの君！」という呼びかけによって，特定の主体（「犯罪者」とか「従順な市民」とか「生徒」とか）として構築される。よって主体は，個人の行動の起源や自己認識の源泉であるというよりは，言説やイデオロギーに従属することではじめて成立するような存在であり，主体は言説やイデオロギーの外部にあるわけではない。だがこの定式化には，イデオロギーによる呼びかけ的主体構築機能に，失敗もあることや多様性がはらまれていることを考慮していないという問題もある。

　この点で次のようなシャンタル・ムフによる新たな社会運動における多元的な行為媒体として主体をとらえる考え方が示唆的だ。「新しい社会運動の闘争を特徴づけているのは，単一の行為者を構成している主体位置（subject position）が多元的であるということであり，またこの多元性が抗争の場となり，それゆえ政治化されうるという可能性である。……不可欠なのは，主体を，脱中心化され脱全体化された行為体（agent）と捉える理論である。それによれば，主体は，主体位置の多元性の接合点において構築されているものなのであり，この多元的な主体位置の間にはアプリオリで必然的な関係というものはない。すなわち，多元的な主体位置がどのように結びついて分節化されるかは，ヘゲモニーを争う実践の結果なのである」（ムフ『政治的なるものの再興』千葉眞他訳，日本経済評論社，1998年，25頁）。

(4)　知識と権力

　カルチュラル・スタディーズは知識人論でもある。カルチュラル・スタディーズは大学や研究機関の内と外という混淆した性格を持ち，広い社会的文化的コンテクストに根差している。そして，文化と，知識，意味を取りまく関係が，いかに発話の場の力関係と関係しているかにこだわる。知識人の言説には自らの社会的ヘゲモニーを維持しようとする「権力への意

志」が隠されているのではないか？　だとすれば，誰が誰のために語る権力を持っているのか，それはどこで，どのような時に語られ，また何についての語りなのか，がつねに問題とされなければならない。客観的な立場から真理の公正な探究が中立の空間で行われるなどということはあり得ないからだ。かくしてたとえば，理論が常に「西洋」から輸入され，「東洋」はそれを実地に試す場であったり，東洋人は「ネイティヴ・インフォーマント（現地情報提供者）」として理論的考察の材料を提供する，といった植民地的学問体系を問い直すことが重要な課題となる。

キーワード5 ※〈ヘゲモニー〉

　一般的にはある社会集団，国家，文化などが他の集団などを支配する状態のことを言い，たとえば現在，アメリカ合州国を「唯一の覇権国家」と呼んだりするのもそうしたとらえ方による。しかしカルチュラル・スタディーズにおけるヘゲモニーは，イタリアのマルクス主義者アントニオ・グラムシが『獄中ノート』の中で展開した，ブルジョワ階級による労働者への支配権という定義に基づく。ここで重要なことは，ヘゲモニーが一方的な権力行使の形態ではなく，支配される側の同意に基づく相互的な関係であることだ。このような従属する側の同意と支配階級の側の自己権益擁護の共同は，社会・文化活動全般に浸透している。そのようなヘゲモニーを覆すためには，そうした同意関係を越えて，より広範な利益に基づく新たなヘゲモニーの創出が必要であると，グラムシは考えた。このように，ヘゲモニーとは，ある文化のなかでイデオロギーや言説が不断にせめぎあうことによって，改変されることが可能な可変的な権力位置関係をさす。

11　カルチュラル・スタディーズとグローバリズム／トランスナショナリズム

　文化は言説上の差異を含み込んで構築されているので，交流や対話もさまざまな時点や場所での力関係に左右される。現在のように国境を越えた

資本や労働力の動きがますます加速される時代には、階級や経済格差といった観点なしに、文化理論を構築することは難しい。ここではカルチュラル・スタディーズが、そのようなトランスナショナルな契機にどのように介入できるのか、現代という時代に則して考えよう。

まずローカルとグローバルとの関係について。国境を越えた現象というと私たちはなにか普遍的な文化の法則が避けがたく存在するかのように思ってしまうかもしれないが、現代のトランスナショナルな運動自体がきわめて歴史上特殊な現象である。イマヌエル・ウォーラーステインのような歴史家が述べているように、トランスナショナルとナショナルなもの、グローバルとローカルなものとは、近代以降、互いに相反するのではなく、補完し合うかたちで発展してきた。国民国家・国民経済・国民文化が、国境を越えた動きに比較して、現在衰退しているように見えるとしても、それは国民国家や国民文化が滅びたということでは毛頭なく、むしろ反動として強化される動きも場所によっては顕著である。ナショナルなものは、グローバルな資本や文化との再編された関係のなかで、いまだにローカルな効果が如実に発揮される場であるからだ。

> **パーソン**
>
> Immanuel Wallerstein (1930–) はアメリカ合州国の社会学・歴史学者。近代の資本主義による世界経済の支配を「世界システム論」として展開した。日本語で読める著作に、『近代世界システム』岩波現代選書、名古屋大学出版会)、『史的システムとしての資本主義』（岩波現代選書）、『人種・国民・階級──揺らぐアイデンティティ』（エティエンヌ・バリバールとの共著、大村書店）『ポスト・アメリカ──世界システムにおける地政学と地政文化』（丸山勝訳、藤原書店、1991年）など。

たとえばコンピューター・テクノロジーにしても、たしかに世界大の情報の流れを革命的に促進したけれども、その影響や浸透はローカルな力関

係によって大きく異なる。コンピューターの支配言語は言うまでもなく，元々はイギリスという国の国民言語であった「英語」である。それがイギリスの植民地獲得，帝国主義支配によって世界に広がり，しかもそれから独立したアメリカ合州国が世界第一の覇権国家となるに及んで，英語は「国際語」となった。そしてアメリカのコンピューター産業が世界をリードすることで，英語がコンピューターの言語となったのである。現在ではある程度の英語を知らなくてはコンピューターは使えない，というよりコンピューターを使う人間は，すでに「コンピューター英語」という国際語を習得してしまっている。そうした大前提があってはじめて，今度はその次の問題として，漢字やアラビア語などといった他言語の文字コードの許容範囲などが取り決めの対象となってくる。ここでもナショナルな制約とインターナショナルな必要とが交錯して，流動的な力学が形成されているのである。

　たとえば，最近ようやく電話の引かれた中国の山村はインターネットとはまだ無縁かもしれない。しかし経済的には同様に未開発のメキシコ先住民の村が，電話もないのに自らの革命運動の主張をインターネットを通じて世界に発信することもあり得る。このようにグローバルなものは，ローカルな場と交渉を行い，ローカルなものによる差異化をつねに受けており，その力学は言語や経済格差などといったナショナルな枠組みにより弁別される。とすれば，トランスナショナルなものは，矛盾も差異もない統一された全体ではありえない。文化や資本が国境を越えるときも，その働きや効果は均一ではなく，条件に左右され，矛盾に満ちたものであるからだ。よってカルチュラル・スタディーズという文化への問いも，ナショナルなものとトランスナショナルな枠組みとの両方から問われなくてはならないだろう。

　5節で「国民国家」の問題を考えたが，ここでも実際的に支配を行う政治組織としての国民国家と，ある言説的アイデンティティを持った「ネーション」という記号との関係はどうなっているかが，国境内部の力関係と国境を越えた世界の動きとの両方から問われなくてはならない。その際に「グローバリゼーションによる国家体制の解体」とか「ナショナリティの

脱構築」といった題目を唱えることは簡単だ。しかし，ネーションが言説による構築物であり，その本質が権力者によってゆがめられたものに過ぎないからといって，国民国家の現実における強制力は衰えるどころか，むしろ強化されていることがあり得る。グローバリゼーションによる国境の融解が進むほど，その反動としてナショナリズムに頼って国民的意識の統合を計ろうとする動きが強まることもあるだろうし，また，ナショナルな利益を追及する政権や企業が，一方でグローバルな経済利益団体と連携しながら，他方でグローバルなネットワーク作りを進める環境保護団体などに対して圧力をかけ，統制の網をかけるといった事例も多い。

　よってグローバリゼーションやトランスナショナライゼーションといった事態を，国家の無用化ととらえるべきではない。むしろ，これまで国家同士や，イデオロギーの異なる国家体制同士の対立（第二次世界大戦後の東西冷戦構造のような）であったものが，グローバルな経済支配や物・人・情報の移動によって，同じ国内での経済格差や文化・宗教上の対立に転化した，と考えるべきだ。その場合，ある人々にとってはナショナルな枠組みがゆるんだと思われても，他の人々にとっては統制が逆に強まることも大いにあり得る。この視点は，たとえば日本における在日朝鮮人やアイヌ人，沖縄人，あるいはホームレス（野宿者）やゲイ・レスビアンの人々といった，いわゆる「マイノリティ」の問題を考えるときに欠かせない。国民国家の現実の強制力が，ネーションを形作る言説を通じて作用し，実際にさまざまな差別や迫害を受けるのは彼ら・彼女らだからだ。ポストコロニアルでポストナショナルな文化におけるアイデンティティの流動性や国境にとらわれない生き方の可能性を賛美する前に，コロニアルでナショナルな抑圧構造をも問題にしなくてはならないのもそのゆえである。

12　文化の翻訳

　グローバルな時代には，文化の翻訳が不可避な問題として登場する。在日朝鮮人作家の金石範(キム・ソクポム)が，あるエッセーの中で，日本語で朝鮮の女性が喋っ

ている場面を描写するとき，朝鮮語ではあり得ない日本語の女言葉,「あたしもそう思うわ」と書くしかないとすると，途端に白けてしまうといった意味のことを述べている。国境を越えた文化の動きにとって，不可避なこの翻訳というプロセスを，輸入や同化などといった一方的な支配・被支配関係の用語によってではなく，相互的な変成作用として考えることはできないだろうか？

パーソン

　金石範は1925年，大阪，猪狩野生まれ。南韓・済州島における1948年の共産主義ゲリラの反乱への報復としての民衆虐殺である四・三事件の記憶を描き続ける。大作『火山島』（文藝春秋，1983-1997年）は「近代日本語文学」の金字塔であると共に「日本語による日本文学」という安らかな実体を根底から覆す。四・三事件については，その当事者であった，同じく在日朝鮮人の詩人金時鐘との対談，金石範・金時鐘『なぜ書き続けてきたか，なぜ沈黙してきたか』（平凡社，2001年）が，出来事の衝撃とそれを表象する言葉の力との関係を考える上で，いくつもの示唆を与えてくれる。

　文化の翻訳とはつねに不平等で非等価な交換過程であって，そこにはズレやアンビヴァレンスが避けがたく存在する。とすれば翻訳とは，差異を抹殺するのではなく，むしろ差異を回復し，それとして再認識する行為と言えないだろうか。たとえばミハイル・バフチンは言語について次のように言っている。「言語のことばとは，半分はだれか他の人のものだ。それが自分自身のものとなるためには，話し手がそのことばを領有し，自らの意味や表現の意図に適応させる必要がある。それより先にことばは存在しない，ニュートラルで個人的でない言語などないからだ。つまり，ことばは他の人々の口のなかにこそ存在し，他人の意図を果たすために使われる。そこからしか人は，ことばを受け取り，自分自身のものとすることはできないのである。」（『対話論理的想像力』）バフチンの言う意味のダイアロジ

ズムつまり対話論理性は，異なる2つの言語のような対立する項の関係の変化と，同じ言説の場における異なる「ことば (accent)」のせめぎあいを強調する。ダイアロジズム（対話論理）は，意味の生成には固定的な論理など存在せず，発話の場の無限に変化する力関係だけがあると主張する。ひとつの集団がある単一のアイデンティティを達成しようとする動きそのものが，雑種性を生み出し，さまざまに混交した表象をともないながら，互いに覇を競うことになるというわけである。国境を越えた文化の翻訳もこうした抵抗ないしは領有という観点から相互に見直すべきだろう。

パーソン

Mikhail Bakhtin (1895-1975) は，意味がコンテクストによって多元的に構成される過程を研究し，それをダイアロジズム，対話論理 (dialogism) と呼んだ。カルチュラル・スタディーズにとって，バフチンの理論のおかげで，マルクス主義の唯物論と階級の概念を放棄せずに「言語論的転回」を行うことが可能となった。彼の仕事は『ミハイル・バフチン著作集』（新時代社），『ミハイル・バフチン全著作』（水声社）など，ほとんどが邦訳されている。

ノート 〈領有〉

appropriation の訳。植民地的状況におけるように，支配者が先住民の知や文化を搾取する場合と，その逆に被支配者が文化混交過程において，支配者の言語や習慣を利用する場合の二通りがあり，この場合は主に後者を指している。しかし，文化の翻訳過程は，一方において不均衡な力関係を前提としながら，他方，単なる一方的な支配・被支配ではなく，相互変容過程であるので，領有もつねに双方向的に考えるべきである。

国境を越えた文化の受容の仕方の問題に関しては，カルチュラル・スタディーズが注目する文化が文化でないものと区別されて受容されたり，高級文化が大衆文化と選別されて交換される際の，メディアや学校教育といっ

た啓蒙の装置の役割が重要になる。文化として社会的に構築される諸関係は，一対一対応，固定的ではなく，一時的でその場の状況につねに左右される。あらゆる社会関係は，あらかじめ想定された概念というよりは，むしろある特定の実践の結果として，強いものと弱いものという支配・被支配の関係を孕んでいるのである。

カルチュラル・スタディーズは，経済が下部構造として文化などの上部構造を規定するという還元主義モデルを批判し，その代わり，実際には特殊な権力作用によるヘゲモニー（覇権）の効果であるにもかかわらず，「普遍性」を標榜する身振りに注目する。教育にしろ，言語の習得にしろ，そのような文化的受容のプロセスには，自己と他者とのあいだの境界設定に伴う暴力が避けられない。すでに述べたように，あるテクストがどのような場で生産され，どのような条件のもとで流通し，どのような人々に受容され，いかなる歴史の契機と関わり，どんな組織や言説の構造が働いているのかに注目すべきなのだ。主体，国民国家，人種，民族などのアイデンティティがひとつの「真実」として構築されるプロセスを，カルチュラル・スタディーズは明らかにしようとする。

13 文化の政治学へ向けて

ここまで述べてきたところで，カルチュラル・スタディーズのスタンスがつねに〈文化の政治学〉を目指したものであることが，分かっていただけただろうか？　この政治学とは，狭義の政権論議などではなく，広い意味での人間同士の権力関係の分析のことである。そして，いかに「政治」＝国政をも含む政治的力関係が，私たち一人一人にとって不可避なものであるか——この序章の最後に，インドネシアの作家，プラムディヤ・アナンタ・トゥールがその『ブル島四部作』の終りの部分で主人公ミンケに語らせている言葉を聞いてほしい。あなたや私をカルチュラル・スタディーズへと向かわせる，ひとつの動機がそこには語られていないだろうか。

すべてが政治じゃないのか！　すべてが組織を必要とする。一生涯田畑を耕して暮らす読み書きのできない農民は政治に関係がないとでも？　彼らがその少ない収穫の一部を村の権力者に税として差し出すとき，彼らは政治的行為をしているのであって，政府の権威を認めそれを受け入れている。政府にとって面白くないことだけが政治というわけですか？　政府を喜ばせることは政治的でない，とでも？〔中略〕支配する者と支配される者がいる限り，権力を行使する者とその権力行使の対象者がいる限り，人は政治に関与する。人が社会に住んでいる限り，どれほどその社会は小さくても，人は組織することを止めないだろう。

ブック

Pramoedya Ananta Toer, Trans. Max Lane, *House of Glass* (Harmondsworth : Penguin, 1996), pp.313-14.

　プラムディヤ・アナンタ・トゥールの『ブル島四部作』は，プラムディヤが1969年から79年までブル島に政治犯として収容されていた間に，強制労働のかたわら，夜ごと同房の囚人たちに語り聞かせるかたちで完成させていった長編小説。それぞれ『人間の大地』『すべての民族の子』『足跡』『ガラスの家』と題され，1898年から1918年までのオランダ植民支配下におけるインドネシア国民国家の誕生前夜と民族的覚醒を扱っている。それは「東インド諸島（Indies）」と総称されていた地域が，ひとつの近代的民族単位として自らを確立していく苦闘の道程であると同時に，言語，文化，教育，テクノロジー，社会構造にわたる植民支配の強化とそれへの抵抗とのせめぎあいを，一人称小説という証言の形式によって，きわめて劇的に表象した作品である。日本語訳は第4巻まで押川典昭訳で，めこん社より刊行されている。

こんな本も読んでみよう　　　　　　　　　　　　　　　　　　（序章）

1　カルチュラル・スタディーズを多方面から眺めるには：

A　カルチュラル・スタディーズは他の学問領域と違って，自らの確定した歴史や専門的対象の選定にあらがうので，その一般的紹介も著者自身が自分の発話の置かれた文脈に意識的に行われることが多い。そのなかでとくにイギリスにおけるその発展の文脈を解きほぐしながら，私たちの日常にまで届く視野を広げてくれるものとして──
- ▶グレアム・ターナー『カルチュラル・スタディーズ入門──理論と英国での発展』（作品社，1999年）
- ▶吉見俊哉『カルチュラル・スタディーズ』（岩波書店，2000年）
- ▶上野俊哉・毛利嘉孝『カルチュラル・スタディーズ入門』（ちくま新書，2000年）

2　文化とは何かを考えるには：

A　なぜカルチュラル・スタディーズのような日常生活という場への批判的介入が必要とされるのかという問いのためには，いくつかの古典的著作が欠かせない。そのなかでイギリス発のものとしては──
- ▶リチャード・ホガート『読み書き能力の効用』（晶文社，1974年）
- ▶レイモンド・ウィリアムズ『文化とは』（晶文社，1985年）
- ▶『ステュアート・ホール──カルチュラル・スタディーズのフロント』（『現代思想』1998年3月臨時増刊号）

B　これらの古典的著作と現代の私たちをつなげてくれる手引きとして──
- ▶ポール・ギルロイ「カルチュラル・スタディーズと民族絶対主義」（『思想』1995年8月号）
- ▶「特集　暴力としての文化　文化としての暴力──カルチュラル・スタディーズをめぐって」（『インパクション』99，1996年）
- ▶小笠原博毅「文化と文化を研究することの政治学」（『思想』1997年3月号）
- ▶花田達朗・吉見俊哉・C. スパークス編『カルチュラル・スタディーズとの対話』（新曜社，1999年）

C さらに歩みを進めようという人には，脱領域・越境的な試みとして──
- 小森陽一・酒井直樹ほか編『岩波講座　近代日本の文化史』全10巻（岩波書店，2001-2002年）

D 「健康」や「身体観」については──
- 岡庭昇『新編　身体と差別』（新泉社，1990年）
- 鹿野政直『健康観にみる近代』（朝日選書，2001年）

3　「世界システム」のなかで生きる私たちが避けることのできないグローバリゼーションの荒波：

A そうした状況での自分と他者の位置を知るために──
- 伊豫谷登士翁・酒井直樹・T.モーリス＝スズキ編『グローバリゼーションのなかのアジア』（未來社，1998年）
- A.D.キング編『文化とグローバル化』（玉川大学出版部，1999年）
- ウオーラーステイン・山下範久ほか『世界システムを読む』（情況出版，2000年）
- 姜尚中・吉見俊哉『グローバル化の遠近法──新しい公共空間を求めて』（岩波書店，2001年）

4　ダイアロジズム（対話論理）と境界侵犯については：

A バフチンの思想を核としながら，境界構築の力学の考察が肝要だ──
- 山口昌男『文化と両義性』（岩波書店，1975年）
- 今村仁司『排除の構造──力の一般経済学序説』（青土社，1989年）
- 赤坂憲雄『異人論序説』（砂子屋書房，1985年）
- カテリーナ・クラーク，マイケル・ホルクイスト『ミハイール・バフチーンの世界』（せりか書房，1990年）
- マイケル・ホルクウィスト『ダイアローグの思想──ミハイル・バフチンの可能性』（法政大学出版局，1994年）
- ピーター・ストリブラス，アロン・ホワイト『境界侵犯──その詩学と政治学』（ありな書房，1996年）

5　社会における知識人の役割を考えるには：

A　アメリカ合州国に在住しながら「アメリカ」に批判的な3人の著作——
- ノーム・チョムスキー『アメリカが本当に望んでいること』(現代企画室，1994年)
- エドワード・サイード『知識人とは何か』(平凡社ライブラリー，1998年)
- レイ・チョウ『ディアスポラの知識人』(青土社，1998年)

6　カルチュラル・スタディーズと他の思想や研究動向との関係は：

A　とても便利で行き届いた最新のブックガイド，思想ガイドとして——
- 『現代思想のキーワード』(『現代思想』2000年2月臨時増刊)
- 『現代思想を読む230冊』(『現代思想』2001年11月臨時増刊)
- 姜尚中編『ポストコロニアリズム』(作品社，2001年)

第 1 章

他者
──文化の力学──

The personal is the political.
（個人のことだって，みな政治の領域なんだ。）

岡真理「文化という抵抗，あるいは抵抗という文化」（『彼女の「正しい」名前とは何か──第三世界フェミニズムの思想』青土社, 2000年, 127-39頁, 所収）を読む

1　個人と政治

「パーソナル・イズ・ポリティカル」という言い方に表われる「政治」とは，首相や大統領などに関わる政党政治の内幕話のことでもなければ，国家と国家との争いや協調などといった国際関係のことでもなくて，広い意味での社会的な権力関係，その力学のことだ。私たちは無人島に生まれ落ちるわけではないから，つねに，そしてすでになんらかの力関係を帯びた社会の中に生まれることになる。その関係は，たとえば経済的な貧富や階級（クラス），男らしさとか女らしさとか言われるときの社会的な性差（ジェンダー），文化や言語，宗教，習慣の違いなどといった民族的属性（エスニシティ），あるいは生物学的に証明は不可能なのだが人種（レイス），性的な行動・欲望のありかた（セクシュアリティ），年齢や家族構成，などといっ

> **ノート**〈人種〉
>
> 「人種」を決めているのは何だろうか？　肌の色？　遺伝子？　民族？　歴史？　文化？　しかし，たとえば肌の色では厳密に人を区別できないように，白色人種や黒色人種などはあくまで恣意的な弁別にすぎない。フェミニズムではよく，「第三世界の女性」と言わないときには代わりに「有色人女性」と呼んだりする。これでは不条理なことにならないだろうか？　たとえば，日本人女性も「第三世界の女性」になってしまわないか？　ラテンアメリカ系はたとえ裕福だろうがどこに住んでいようが「有色人女性」ということになる？　つまりこのような呼び方は，「白」を「透明」ないしは「無色」として暗黙に受け入れる態度に基づいており，「白人」の自己表象の歪みを反映した発想なのだ。人種理論とは，あくまでヨーロッパ文化の他の文化に対する優位を正当化するために，後知恵で編み出された疑似科学に過ぎない。だが問題はそこで終わるわけではない。「人種」が虚構であるとしても，それが過去・現在も，大手を振って横行し，私たち自身の思考や想像に深い影響を与えているからである。現実の差別は，その根拠の虚偽性を暴露するだけではならないのだ。

さまざまな範疇(カテゴリー)によって規定されている。私たちが語ること,行うこと,そのすべてがその時々の権力関係によって規定されている,それだからこそ「個人的なことが政治的」なのだ。しかも,この関係は決して固定的なものではなく,変革可能だ,という意味でも政治的なのである。

2　抵抗としての文化

序章で取り上げたフランツ・ファノンと徐京植の言葉を思い出してほしい。

ファノン「人は文化を出発点として民族を証明するのではなく,占領軍に抗して民衆の行う闘いのなかで文化を表明するのだ。」
徐「ある人々がその民族的所属の故に差別され抑圧されている現実があり,どんな形態であれそれへの抵抗がある以上,たとえ彼らが〈文化〉なき『欠格者』であろうと,そこにこそ文化は表明されるのである。」

つまり,支配者／植民者／宗主国／先進資本主義国／多数派民族の文化から見れば,「資格」を喪失した者たちが,差別や抑圧に抵抗する運動のなかにこそ,動態的で創造的な文化が存在する。〈カルチュラル・スタディーズ〉が,支配体制の変革に対する意識と切り離せないものであり,文化をめぐる力関係が固定的なものでなく流動的なものであるとしたなら,そしてその可変性こそが,文化の文化たる所以だとしたなら,私たちはどのように文化をとらえることができるだろうか?

3　他者の文化

そうした問いに対して,歴史上もっとも頻繁に行われてきた(たとえば民俗学とか,文化人類学という形で)のが,一応,自分の文化は棚にあげておき,それとは異なった〈他者〉の文化を探求するという方策だろう。

こうした探求の前提として，いくつかの対立軸が設定される可能性がある——自己／他者，研究／対象，日常／非日常，規範／逸脱，能動／受動，男性／女性，文明／野蛮など。

こうした対立軸が設定されるような力関係を問題にするのが，まさに〈文化の政治学〉である。たとえばあなたは，旅行者ないし研究者として，どのようなかたちで〈他者〉の文化を探求することができるだろうか。その旅の結果どのようなことが起こり得るだろうか。他者文化探索の様々な条件や形態を考えながら，文化を学ぶための前提条件としての力学を考察することが，この章の目的のひとつである。

4　旅行記のなかの自己と他者

さて，岡真理のエッセーもまさにそのような旅行者としての自分の位置を確かめるところから始まっている。

> 学生のころ，ソマリアを訪れたことがある。7月末のことだ。真夏の赤道直下の暑さはいかばかりかと，日本を発つ前，暑さに弱い私は心配したが，首都モガディシオはインド洋から吹き込む季節風で，東京よりはるかに涼しかった。(127頁)

どこにでも転がっていそうな旅行記のような書き出しだが，ここにはすでに，著者がこの文章で私たちに問いかけようとしているしかけがすでに企まれている。

「7月末のソマリア」，中学生程度の知識があれば，それがアフリカの国であることがわかるだろう。問題はそれから先だ。たとえば多少，時事問題に興味のある読者なら，ソマリアの内戦と国連平和維持軍が引き起こした惨劇を思い起こして，悲劇の国という印象を語ろうとするかもしれない。だが著者の現在の視線は，そうしたジャーナリスティックな興味とは無関係だ。なぜなら著者も1人の旅行者にすぎなかったからだ。「真夏の赤道直

下の暑さ」、これが私たちほとんどの頭に思い浮かぶこの「アフリカの国」のイメージではないだろうか？ そして著者もそれを共有する。「暑いアフリカ」というステレオタイプ、紋切型で理解してしまおうとする、怠惰で、しかし、ありがちな思考方法。しかし彼女の体験が、それを打ち壊してくれる、「首都モガディシオはインド洋から吹き込む季節風で、東京よりはるかに涼しかった」と。

> **トライアル▷▷ソマリア**
> 　ソマリアは、植民地主義、脱植民地化、そして新植民地主義という、現代のいわゆる〈第一世界〉対〈第三世界〉の対立構図をもたらしている要因を考えるときの、顕著な例のひとつを提供しており、その19世紀から20世紀の歴史を知ることは重要である。ヨーロッパ列強による植民地化にはじまり、現在の内戦状況にいたる歴史を調べ、その悲劇の原因を探ってみよう。

5　体験の相互性

　しかし、著者は旅行記にありがちな、自らの体験を特権化して、そこに行かなかった者、行けない者の欲望と羨望をかきたてるという、経験主義とは無縁だ。たしかに続く記述は、著者と私たち読者の予想を裏切るような体験の連続に触れてはいく。たとえば女性たちの立ち居振る舞いや、コーラン学校の様子など。だが、そうした旅行者の視線すべてが、相互性、相対性によって、逆に対象化されていることに注意しよう——彼女たちに「好奇の視線を投げかけ」られ、「東洋人」という他者として見られている（と自ら意識せざるを得ない）私のありよう。「猥雑なエネルギーに満ち満ちて」いるのが、男女両方であること。そして「書いた文字を消すときは、駱駝のミルクで墨を洗い流す。ソマリアの人々の滋養となる駱駝のミルクが、イスラームという精神の滋養を得るためにも欠かせないものであること」（128頁）というように、「滋養」という語を鍵として、勉学と食事との境

界を取り払って考えること，そうした著者の思考は体験とは一方的なものでなく，相互的なものであることを示唆する。このような相対主義的姿勢が，〈他者〉の文化への考察に入っていこうとする著者の構えなのだ。

6　文化相対主義

　相対主義とは何だろうか，その前提となるものは？　一応それは，他者に対する知識であり，それを踏まえた自己の視点の相対化だと言えよう。だが正しく知ることはそれほど易しいことではない。自分の知識の限界を知ること，それを補うために想像力を鍛えること，このエッセーはそうした方向へと巧みに私たちの感性を導いていく。たとえばサバンナの木々とソマリアの女性たちの形象を重ね合わせ，草原に飛び跳ねる少女のイメージを思い浮かべることによって。

7　当事者の証言／観察者の評価

　さてこのエッセーは主な出来事として性器手術を取り上げ，この習慣の廃絶を訴えて，国連の人権大使として活躍しているワリス・ディリーによる『砂漠の女ディリー』について，「ワリス自身が，この習慣の暴力性を告発している本」であるとする。しかし，たとえ彼女がソマリアを離れて，アメリカで暮らしているとしても，それは「ソマリアが何もない砂漠の国で，ソマリアの生活や文化のなにもかもを彼女が否定している」ことにはならない，と述べる。(128頁)

　当事者自身が語ることと，それについてわたしたちが解釈すること，その２つのあいだに横たわる差異。そして，当事者が住む／住んでいたアフリカのソマリアといういわゆる開発途上国と，現在のワリスや，ワリスの解釈者たちの多くが住むアメリカや，私たちが住んでいる日本などの開発過剰国との違い。その差異こそが，政治であり，権力関係を生む。

8　私は何を知っているか？

　そうした差異にできる限り意識的になろうとして，このエッセーははっきりと解釈の主体を名指し——「私たち」，「私」として——次のような問いを提起するのだ。

　　私たちは，ソマリアについて，あるいは，アフリカについて，そこで生きる女たち，男たちについて，彼女ら，彼らが何を喜びとし，何を悲しみ，何を苦しみ，日々を生きているかについて，いったいどれだけのことを知っているだろうか。彼女ら，彼らの歴史について，文化について，何を知っているだろうか。ソマリアの文学について，ソマリアの小説について，ソマリアの詩について，ソマリアの音楽について私たちは何を知っているだろうか。ソマリアの作家について私たちは，1人でもいいから名を挙げることができるだろうか。私にはできない。それでは，ソマリアには，小説もなく，詩もなく，作家もいない，ということなのだろうか。そんなはずはない。私たちがただ，知らないだけだ。私たちが，単に無知なだけだ。だが，時として私たちは，私たち自身のこの無知を忘れてしまい，私たちが彼女たちの社会について何も知らないということを，彼女たちの社会にそうしたものが何もないかのように解釈してしまう。(129-30頁)

　ノート 〈無知について〉

　　知らない，ということの恐さ。さらに，知らないことを知らない，ということの恐ろしさ。無知は構造的であり，社会的・経済的に規定されている。私のような立場にある人間——日本語とイギリス語が読め，世界のほとんどのメディアにアクセスする手段を持とうと思えば持て，それによって得た情報を他人に伝える手段もかなり持っている人間——にとって，知らないということは，単に自分が無知にとどまる，というだけでなく，他人をも無知にとどめおく，という点で，そうした抑圧構造に荷担することになりかねない。

> だが同時に，知らない，ということを告白する勇気も大事だろう。知ることの喜びは，その勇気と，それに応えて教えてくれた他者——それは人間でも事物でも本でもいいが——との出会いがあってはじめてもたらされるのだから。だからたぶん，こうとでも言うしかないのだろう——「知らないことは恥。だが，知らないでもいいと考えることは恥知らず。そして，知っても何もしようとしないことは罪」と。もちろん，私はここで，人は多く知れば知るほどよいのだ，などと言いたいのではない。人間の歴史の中で滅びてしまった言語や知が数え切れなくあるという事実の前では，人より多く知ろうとすることは無意味だ。肝心なのは，知識の量などではなく，知ること／知らないことに関わる倫理，つまり人間同士の責任の問題ではないだろうか？

　なぜ他者の文化についての知識に不均衡が生まれてしまうのだろうか？それは私たち自身の日常と切っても切り離せない，文化の解釈につきまとうまさに政治的な現実のゆえだ。「私たち」にとってアメリカ合州国やフランスなどの「等身大の人間たち」と出会うことが，映画やテレビを通してきわめて容易である一方で，「さまざまな葛藤を生きる，私たちの理解可能な，多元的で真に人間的な存在としてのアフリカ人，あるいはアラブ人と私たちが出会う」ことが阻まれていること。その事の重み。それに私たちは気が付くことができるだろうか。

9　文化受容の政治学

　こうして問題はすでに，文化相対主義とか文化多元主義といった，理想としては聞こえのいい文言を超えている。なぜなら，相対化も多元化も，原理的には異なる文化が平等な力関係の下に受容されることによって初めて可能になるからだ。現実がそうでない以上，こうした主義を標榜すること自体，不平等な力関係を維持し，そこから何らかの利益を得ようとする現状容認主義におちいるのではないか。著者は，こうした他者の文化の受容に関する力学をチャンドラ・モハンティの「第三世界差」という概念に

よって説明しながら、「アメリカ東海岸の中産階級エリートの文化という、私たちにとってさえ実はきわめて特殊であるはずの世界が『日常的』なものとして受けとめられ、私たちのなかにそのようなものとして内面化されていく一方で、もしかしたら、私たちにとっても馴染みのある世界かもしれない、アフリカやアラブの人々の日常が、特殊な文化として受容されていくことになる」(131頁)という日本の現状に警鐘を鳴らすのである。

ブック

Chandra Talpade Mohanty, "Under Western Eyes：Feminism Scholarship and Colonial Discourse" in Mohanty, A. Russ, et L. Torres, eds., *Third World Women and the Politics of Feminism*, (Bloomington：Indiana University Press, 1991)(「フェミニズム研究と植民地主義言説――西洋の目」『日米女性ジャーナル』15号，ホーン川島瑶子訳，1993年)で，モハンティは，「第一世界」と比較して「第三世界」においては，文化の受容の仕方に明らかな不均衡と不平等が存在することを指摘した。映画・文学・芸術などの文化表象の伝播過程は，政治的・経済的権力関係に直接影響される。とくにそれが「発展途上国」の女性主体をめぐる表象の場合には著しい。

　文化的普遍性なるものは受容の力学によって無理やりもたらされたものであること，それは植民地主義の搾取から資本主義の支配にまでいたる，歴史的な暴力の結果に他ならないこと。本を読んだり，テレビを見たり，買い物をしたりするなかで，私たちが〈他者〉の文化に出会い，それを理解し，それを通して〈自己〉の文化に向き合う，そうした日常的な営みのすべてが，そのような歴史性によって，確実に色どられているのである。

10　「出来事」の衝撃

　私たちの日常が，そこにおける私たち自身の想像力が，「人間的な――つ

まり多元的かつ重層的に描き出された——アフリカ人像／アラブ人像／ムスリム人像」に出会うことを阻むようなものであるとき，私たちにとって，彼女ら・彼らの文化を知ることはどのようにして可能になるのか？　文化に関するそのような「無知の真空状態」に孕む危険，それをいきなり引き起こすのが，たとえば「女性性器切除」といった出来事である，と著者は言う。理解し難い「野蛮な習慣」を目の前にして，私たちはアフリカという〈他者の文化〉を否定したくなる思いに駆られる——「切除は女性にとって拷問にほかならない，こんなものは文化ではない，暴力だ，ということばによって，私たちは，アフリカ人とは，こんな暴力行為を文化だと思っている者たちかと思ってしまう。……性器手術は，当事者にとって紛れもない文化，なのである。だとすれば，こんな野蛮な行為を『文化』として肯定するようなアフリカの文化それ自体が，私たちにとっては，唾棄すべき対象となるにちがいない」(132頁) のだから。

11　解釈と差別

　こうした習慣に対する私たちの嫌悪の思いを支えるのが,「ファラオの時代から続いてきた伝統だから」という歴史的言い方と,「アフリカの男たちが女を暴力的に支配したいから」という社会的説明である。前者の「伝統」という言い方が,「不変のアフリカ」,「歴史の外部におかれた世界」という「植民地主義的」な語りを反復している。後者における男女差別の構造について，このエッセーはアフリカ系アメリカ人の小説家アリス・ウォーカーが製作した『戦士の刻印』というビデオ作品の，とくに日本における受容を問題にする。岡によれば，セネガルのある活動家のフランス語による発言——「夫は，まるで，ただの物を管理するのと同じように，妻を管理するのです」が，日本語字幕では——「性器手術は夫の快楽のため，女性はその道具にされてしまうのです」となっている。つまり「夫の快楽のため」という 1 文の挿入によって,「快楽のために女性の性器を切り裂いたり縫い合わせたりするアフリカ男性という，アフリカの人々について実に暴力的で,

差別的なイメージが生み出されてしまう」(133-134頁)のである。

キーワード6 ❖〈植民地主義（コロニアリズム）〉••••••••••••••••••••••

「植民」をある国家や共同体が，ほかの地域に入植することによって先住民の土地や生活手段を奪い，彼ら・彼女らの自己決定権を剝奪して政治的・経済的・文化的に支配することと広く考えれば，植民地は人間の歴史上，絶え間なく作られてきたと言えるだろう。

だが，カルチュラル・スタディーズにおいて植民を考える場合は，近代におけるヨーロッパによる領土拡張を基本とする。近代が象徴的に開始された年が1492年であるのも，この年コロンブスが〈新大陸〉に到着しただけではなくて，ユダヤ教徒のスペインからの追放，レコンキスタと呼ばれるイスラム勢力のヨーロッパ大陸からの駆逐，アントニオ・デ・ネブリハの『カスティリア語文法典』の出版が示す国民国家言語の確立，といったヨーロッパを中心とする近代の特徴的な出来事の最初の兆しが起こっているからである。その後，ヨーロッパによる植民経略は，スペイン，ポルトガルの2大強国の時代から，オランダ，イギリス，フランスの熾烈な植民地獲得競争を経て，19世紀には圧倒的な海軍力を背景としたイギリスを覇者とするアフリカ，アジア，アメリカのヨーロッパ列強による分割が完成する。

それは20世紀になって，日本，アメリカ合州国といった新たな植民勢力との闘争にもつながる。つまり15世紀以来，世界各地で繰り広げられてきた各国同士の戦争は，そのほとんどが資本の拡充に見合った市場と原料供給を求める植民地獲得競争であった，と言っても過言ではない。そのような植民地のほとんどが第2次世界大戦後，国家として独立を果たすのだが，それは必ずしも政治・経済・文化における被植民者の従属状態を解消するものでない。このことは現在のアメリカ合州国と東南アジア諸国との関係を考えてみれば明らかだろう。形式的には政治的独立を果たしても，社会のあらゆる分野で継続する支配・非支配関係を「新植民地主義（ネオコロニアリズム）」と呼ぶこともある。もうひとつ忘れてはならないことは，日

本という国民国家が，地域的にはヨーロッパではないにしろ，植民地収奪に後から参画して，アジア・太平洋地域全域を侵略した歴史を持つこと，しかし，敗戦後即座にアメリカ合州国主導の東アジア冷戦体制の重要な構成要素となったため，植民地主義の暴力の責任，すなわち戦争責任をなんら果たすことなく，現在に至っていることである。日本を焦点にしたカルチュラル・スタディーズにとって，このような植民地の遺産の問題はきわめて重要である（☞第10章〈歴史〉を見よ）。

　ここで再び著者は，文化相対主義的な見方にいっとき戻ってみせる——「そうした男性は，おそらくいるだろう。日本にもいるし，アメリカにもいるし，アフリカにだっているだろう」と。しかし問題は，ふたたび強調すれば，そうした相対主義が，実はきわめて不均衡な力関係，他者の文化に対するイメージや表象の浸透の度合いの違いに，則っていることに鈍感な点にある。アメリカ合州国がどんなに暴力的犯罪に満ちた国であることを知っても，私たちはアメリカ合州国についてそうでない素晴らしい面を多く知っている。そのことと私たちのアフリカ認識との大きな落差を，著者は問い続ける。つまりここで限界が明らかにされる文化相対主義とは，多数派／支配者に都合のよい自己の文化による認識の尺度の容認にほかならないのである。

　さらに著者が問題にするのは，同じ女性同士でありながら，一方において知識人／研究者／製作者と，他方，当事者／手術者／現地人との間に，日本の解釈者が恣意的に挿入する差異だ。『戦士の刻印』の字幕では，ウォーカーや活動家，女性知識人の発言が，「ですます調を基本とする丁寧な，あるいは『女らしい』日本語に訳されている一方で」，手術を施す女性たちの発言は，「ぶっきらぼうな，野卑な印象を与える日本語に訳し分けられている」（134頁）。ここに著者は，レイシズムと階級差別を見る。

　日本語における，この，無意識の訳し分けとして現れるアフリカに対するレイシズムは，私たちの日常のいたるところで発揮されている。たと

えば民族集団について，それが西洋世界の者たちであれば，「＊＊人」と訳す一方，アフリカであれば自動的に「＊＊族」としてしまったり，社会を律する法を西洋であれば，「法律」や「規則」と訳すのに，アフリカだと「掟」や「戒律」と訳すという態度である。(134-35頁)

> **ノート** 〈さまざまな差別の言説〉
>
> 　レイシズムは人種主義，または人種差別主義と訳されるが，その２つには微妙な違いを考えることができる。人種はもともと科学的な裏付けのないカテゴリーとして植民地主義や民族差別に利用されてきた。だが「人種主義」と呼ばれるとき，そこには「差別がいけないことは当然だが，人種にはそれなりに民族弁別に便利で，正当化し得る面もある」という発想が含まれている可能性がある。人種というカテゴリーそのものが持つ差別思想を喚起するためには，あえて「差別」の語を削り，人種主義と表示するほうが適当であるとの判断もありえよう。
>
> 　おそらく岡は，そうした曖昧さも踏まえながら，かつ私たち読者に考える余地を残すためにカタカナ表記を採用したのかもしれない。私（この注記の筆者）は，カタカナ表記は外国語追従主義であるとか，翻訳者の怠慢であるという非難（当たっていることも場合によってはある）をいちがいに認めることは出来ない，という立場である。そうした非難は，非論理的である（独特の表音主義によるカタカナ表記は，あらゆる点で「日本語」の一部でしかなく，そうした非難は翻訳という作業が持つ愛／暴力と可能性／不可能性を考えようとしていない）だけでなく，それ自体が〈カタカナ＝外国語〉と見なす，視覚中心の習慣的知覚を疑おうとしない点で，知的怠慢との非難を免れまい。しかしもちろん，たとえば理論的な新用語をとにかくカタカナにして導入してしまえばいい，というわけでもない。この問題について一般的に通用する簡単な答えはない。なぜなら事は，言葉の使用や翻訳にとどまらず，過去と現在の世界的な権力構造に関わる（もちろん，言葉や翻訳の問題こそが，そうした力関係に基づく言語の覇権の問題にほかならない）からだ。
>
> 　日本の日常生活におけるこのような階級差別や，人種主義的言説は，もち

ろんアフリカに対するものに止まらない。とくにそれが,「男らしさ／女らしさ」という, 私たちにとってもっとも身近な「理解しやすい」ジェンダーの差によって表現される場合に, それは大きな効果を発揮する。言い換えれば, このような差別的言説は, 多くの場合, 階級なら階級といったひとつの範疇にしたがって発現されるよりは, 複数の範疇にまたがって発せられることで社会的に流通するのであり, そのさい鍵となるのが, ジェンダーである, ということだ。自分たちの周囲から, そうした言説をひろいだし, そこにある差別, 恣意的なことばの使用法を, 範疇を弁別して腑分けしてみるのも大事な作業だ。岡が挙げている民族集団の例についても, 同じ「西洋世界の者」であっても, たとえば〈ユダヤ人〉と〈ジプシー〉とではあきらかな「訳し分け」が存在する。このような同一地域内における差別をもたらす力関係についても敏感でありたい。

トライアル▷▷英語帝国主義

「英語帝国主義」と言われるものの実態を考察しよう。たとえば岡はここで, 日本語で慣用となっている言い方を採用して,「フランス語」と「英語」と使っている。なぜ日本語においては「英語」であって,「イギリス語」でないのだろうか？　たとえばほかのアジアの言語においても, このような訳し分けが行われているだろうか？　またいわゆる国民国家とその言語(岡の言う「規範的な」言語)との結び付きは, 歴史上いつ頃から当然のこととして受け入れられるようになったのだろうか？　さらにグローバルな情報社会と言われる現在の世界で,「英語」が持っている権力を分析しながら, 日本でこうした呼び方が慣用となっていることの問題について考えてみよう (☞第2章〈言語〉を見よ)。

12　「真実」としての「秘密」

さらに岡は, このような手術者の女性の「無知蒙昧」を強調する態度が, 映画の製作者であるウォーカー自身の姿勢でもあることを指摘する。そこ

にあるのは,「他者の『真実』が,「他者自身ではなく,先進工業世界の『私たち』によって領有されている」(135頁)という事実である。それに反して岡が,ここで「事実」として寄り添おうとするのは,手術者の女性たちの誇りや自尊心であり,それは私たち外部者が決して,平然と踏みにじってしまってよいものではないのだ。ここでエッセーは,グァテマラの先住民の活動家,リゴベルタ・メンチュウの証言集『私の名はリゴベルタ・メンチュウ』のなかに繰り返し登場する「民族の秘密」という言い方に言及する。それは,「ある集団の抵抗を支えるため,生き抜くために必要とされる,集団の『秘密』」である。

> 手術者の女性たちにとって,そして,手術を「伝統」として,その身に受けている多くの女性たちにとってもまた,「秘密」とは,彼女たちが,私たちには想像もつかない過酷な生を,誇りをもって生き抜くために必要としている抵抗の力の源泉なのではないだろうか。リゴベルタの「秘密」を尊重するならば,私たちは,彼女たちの「秘密」をも尊重すべきなのではないか。それは,手術を批判すべきでない,とか,手術は存続すべきだ,ということではない。手術を批判しつつ,しかし,同時に,それを「秘密」として,抵抗の力として,過酷な生を生き抜いてきたこれらの女性たちの,その強さとその痛みに対して共感するということである。(136頁)

岡はここではっきりと,「手術者の女性たち」と,「手術を『伝統』として,その身に受けている多くの女性たち」とを,同一の「集団」に属しながら,それぞれ「誇り」と「抵抗」を分け持つものとして,扱っている。彼女たちこそが,「文化」の当事者だからだ。アリス・ウォーカーでも,岡真理でもなく,いま日本語でこれを読んでいる「私たち」でもなく,この無名の多くの女性たちが,この文化の主体なのであり,その意味で私たちにとっての〈他者〉なのだ。

著者がここで問うているのは,当事者とは誰なのか,という問い,より

正確には，当事者と観察者との区分けを誰が決めているのか，という問いかけでもある。もし，虐げられてきた人々の生にとって不可欠な何かが，メンチュウの言うように「秘密」であるのなら，それを知ろうとし，公にし，研究材料にし，名声や出世の道具にするのが，当事者であるはずがない。ここにも「第三世界差」があるのだ。しかし，私たち自身が社会的・経済的条件のうえでは，当事者になることは不可能であっても，「共感」することは可能である。文化の理解において，そのことは，当事者に近付くための第一歩，当事者と観察者という，おそらく観察者にだけ一方的に都合のよい区分に対して異議を申し立てる出発点になるのではないか？　もっと押し進めれば，文化を理解するとは，「私たち」自身が「当事者」になることによって，〈他者の文化〉にレッテルをはったり，評価したり，否定したりすることを拒否することではないのか？　もちろん著者は，「世界みな姉妹」といった類いの安易な地球共同体主義（コスモポリタニズム）を喧伝しようとしているわけではない。

13　解釈の暴力，伝統の誇り

　当事者と観察者との関係，より一般的には〈自己〉と〈他者〉との関係に踏み込んでいくこのエッセーはいよいよ核心部分に入る——まるで普通の旅行記のようにして始まった自らの体験に関する語りが，文化の一面だけをとらえて糾弾することや，相対主義的なポーズを装うことへの批判を通して，他者の文化を私たちが知ることの難しさと重みへとしだいに迫っていくのだ。

　彼女たちの社会の歴史についても文化についても何も知らない私たちには，性器手術の暴力性，野蛮さだけしか見えない。だから，それが文化であると言われても，そんな文化全体を否定したところで，何の痛痒も覚えない。しかし，性器手術は女性の肉体に対する紛れもない暴力であると同時に，それが文化である以上，そこには，彼女たちのアイデンティ

ティ，過酷な環境を生き抜くための誇りや抵抗の力もまた織り込まれているのである。さらにまた，植民地主義支配の歴史のなかで，文化を否定され，民族の尊厳を否定された者たちにとって，「文化」というもののもつ意味，「伝統」というもののもつ意味はとてつもなく重要である。(136頁)

性器手術の暴力と，植民地主義やその延長線上にある文化否定の暴力と，どちらがより残酷で，野蛮であるのか，誰がいったいそんなことを決められるのか？——著者がするどく投げかけるのは，そうした問いだ。それに答えようとして，相対主義に逃げ込んだり，観念操作に耽るのではなく，そこから岡は，このエッセーにおける決定的なポイントのひとつである，文化の再定義へと向かうのだ。

14　文化のなかの雑種性，逆説としての文化

エッセーがここまで一貫して問題にしてきた，一枚岩的な，「植民地主義的な」文化の捉え方の問題点。それは〈良い文化〉と〈悪い文化〉——その良さ・悪さは，言うまでもなく，それを決めるものにとっての，都合の良さ・悪さでしかない——との単純な二項対立としてしか文化を考えようとしない，知の怠惰，もっと言えば，政治を忘れた文化解釈の結果である。なぜなら，著者が言うように，「文化」と「暴力」は，「実はそうそう単純に対立的なものであるわけではなく，むしろ，解きほぐしがたく錯綜したものである」(137頁)からだ。文化とはまさに，そうした相対立する要素を孕んでいるからこそ，人々の誇りとして，恥として，伝統として，歴史として生き延び，生き続けているのである。ここでも著者が注目するのは，「暴力的・抑圧的」な（と，外部の私たちに見做される）文化のなかで生き抜くワリスのような少女たちの個々の，パーソナルな生きざまの美しさ，自分で人生を選択しその責任を敢然と引き受ける靱(しなやか)さなのだ。

ソマリアの文化には，性器手術や，父親が娘の結婚相手を有無を言わせず決めるという，紛れもない父権主義的な抑圧もある。しかし，また同時に，ワリスやアマンが，こんなにも幼くして自律を志向し，それを実行するという，彼女たちのその自律性や抵抗の力を育み，培ったものもまた，ソマリアの文化だということを私たちは忘れてはならないだろう〔後略〕。(137頁)

> **ノート** 〈私たちの周りの少女たち〉
>
> 私たちの社会に，このワリスのような「自律性や抵抗の力」をもった少女たちはいるのだろうか？ おそらくいるのだろう，潜在的に，どこかに。だが少なくとも私には見えない，私は知らない。見えるのは，聞き知るのは，学校で家庭で都会で地域で，虐げられ，自傷し，閉じこもり，自分よりさらに弱い犠牲者を作り出し，そして圧倒的多数派として，傷ついて抗議の叫びを挙げようとしている者の傍らを，おそるべき無関心で足早に通り過ぎていく同じ表情の「少女たち」の集団である。その表情は，驚くほどに同じ年頃の少年たちのそれと，そして，同じ社会に生きる大人たちのそれと，似ている。私自身もしばしば，自分の顔にそれを発見して慄然とする。もしあなたが慄然としないなら，ためしに，「文学好きの少女M子，十七歳の秋」(太田昌国『日本ナショナリズム解体新書——発言1996-2000』現代企画室，2000年，275-82頁)を読んでみてほしい。そこにあなた自身の顔が写されてはいないか。

もともと雑種でない文化などない。そのただなかに，抑圧とそれに対する抵抗を同時に孕んで生成しない，変化しない文化など，あり得ないのだ。ここにいたって，岡による文化の定義は，件のファノンと徐によるものに，限りなく接近する，彼らの言葉と同じくらい，おそらくそれ以上に力強い言い方によって。

批判し，抵抗し，乗りこえるべき対象が，同時に，それに対する抵抗の力を生み出すものでもあるのだということ。この逆説。だが，文化とはそのようなものだ。そして，文化とは，その逆説を自らのダイナミズムとし，つねに，新たなものへと発展生成している。(138頁)

「逆説」としての文化。それゆえの「発展生成」。だとすれば，これまでこのエッセーが批判してきたような文化の一枚岩的なとらえ方が，二重に誤っていることは明らかだろう。第1に，文化を複数の力の不断のせめぎあいとして見ないという誤り。第2に，文化に新たな変化の可能性を否定することによって，その文化を生きる人々の自己変革の可能性をも否定するという誤り。そこから帰結するのは，自らの文化だけが，他者の文化を評価する正しい基準を持っており，かつ，より優れた方向へと永遠に自ら進歩し，他を進歩させるはずだという，完璧に「植民地主義的な」信念である。

15 「連帯」としての批判に向けて

抑圧を批判し，同時にその同じ抑圧を生み出す力の源から，抵抗と解放の契機をつかみとること——エッセーの結論部は，その困難な作業への指針を示そうとする。ここでも注目すべきなのは，著者が，決して自分を，安全地帯に，高みに，外部に置いて，教え諭そうとすることなく，そうではなくて，自分に何ができるかを繰り返し問おうとし，私たちひとりひとりに問うてほしいと誘う，あくまで個に，パーソナルに徹しようとする姿勢である。だから，そこでのキーワードが，身体的な「痛み」であり，精神的な「滋養」となるのだ。

その作業には，必ずや痛みがともなうだろう。自らのアイデンティティが深く織り込まれたものを否定し，そこから我が身を引き剝がさなければならないのだから。異文化に生きる私たちは（しかも，植民地主義の

時代，彼女たちの抵抗の力を涵養するその文化を否定し，根こそぎにしようとした歴史をもつ社会に生きる者たちは），彼女たちのこの困難な闘い，すなわち，「文化」というこの，複雑なタペストリーの解きほぐしと織り直しという，痛みをともなう作業に，どのように協力し，いかなる貢献をすることができるだろうか。私たちに問われているのは，そのようなことである。(138頁)

> **ノート** 〈織物とテクスト〉
>
> 　「複雑なタペストリーの解きほぐしと織り直し」というこの表現において，異なったテクスト同士で，響き合うのは，ガヤトリ・チャクラヴォルティ・スピヴァクの著作である。彼女も好んで，〈織物〉，〈テクスト〉といった比喩を使う。とくに，バングラデシュの手織りの美しさと，その土着の織物産業のグローバリゼーションによる抑圧と抵抗，それを論じるようなとき（「文化」『ポストコロニアル理性批判』月曜社，近刊）には，まさに岡が主張しているような「抵抗としての文化，文化としての抵抗」という文脈で，スピヴァクのテクストは複雑な織り目を見せる。さらに言えば，文化を論じる岡とスピヴァクのテクストが，織り合わさって，ソマリアとバングラデシュの困難な女性たちの闘いに織り合うようにと連帯の声を挙げているのだ。
> 　スピヴァクの有名な表現に〈unlearn（学び捨てる）〉がある。それはたとえば次のように使われる――"Unlearning one's privilege as one's loss"「自らの特権を自分の損失として学び捨てる」。たとえばレイシズムが経験や偏見によって学び得るものだとすれば，逆に自分自身の歴史や偏見の出所を検証することによって，それを学び捨てることもできるはずである。スピヴァクによれば，「自らの特権を自分の損失として学び捨てる」ことには，二重の認識が伴う。ひとつは私たちは自らの特権的地位――階級・人種・ジェンダー・エスニシティなどにおける――のおかげで，〈他者〉に関する知識を得る機会を奪われており，それゆえ自分の社会的位置も見失っている，そこから回復して他者を知ること。第2に，そうした他者に語りかけることを学ぶこと，それによって他者自身が応答し得るような自らの言葉を獲得すること。こう

したことこそ，岡の言う「痛みをともなった解きほぐしと織り直し」に，もっとも協和する知的作業ではないだろうか。

「私たちの社会」は，かつて植民地によって「彼女たち」の文化を否定した「歴史」を持つだけでなく，その歴史を否認し，過去を忘却して，新しい社会の建設に邁進しようとしているのではないか。岡がつねに，自分の生きている現在と，他者の闘いとを，同じ平面で考えようとしていること，そのことは何度強調しても強調し過ぎることはない。パーソナル・イズ・ポリティカルだからである。

ではなぜ自らの身体と精神に傷をつけながら，新たに生長し直すという「困難な闘い」に従事するアフリカのフェミニストたちが，「西洋社会における性器手術批判のあり方」を「反批判」するのか？　著者は，それが私たちに向けられた「連帯への呼びかけの声」(138頁)である，と言う。つまり，性器手術を批判すること自体が「レイシズム」であったり，「植民地主義的」であったりするのではなく，その「批判のあり方」，語り方にこそ，文化の政治性があらわになる。とすれば，それはアフリカだけの問題ではなく，むしろ，私たち自身の問題ではないのか。さらに言えば，「アフリカ」と「私たち」とが共同する可能性もそこにあるのではないか。結びの言葉を読もう。

　…その批判とは，アフリカ社会が太古の時代から不変であるかのように没歴史的に語ったり，また，アフリカの男性たちをことさらに野蛮に描いたり，伝統によって支えられて生きる者たちや，伝統に誇りを見いだす者たちの無知をあげつらったりすることによってではなく，たとえば彼女たちの無知を永続化させている物質的な諸条件——北側先進工業世界が彼女たちの社会の政治や経済を支配したり，経済的に搾取したりすることも，そうした諸条件のひとつである——こそを明らかにし，その解体を自らの課題にするものでなければならない。そして何よりも，彼

女ら彼らを，複雑な現実と変容する歴史のなかで痛みや葛藤をもって生きる，人間的な陰翳をもった存在として描き出すものでなくてはならない。そうしてなされる手術批判は，レイシズムやステレオタイプ，彼我のあいだの植民地主義的な関係性の再生産とははるかに隔たった，私たちのアフリカ理解と新たな関係性の構築にこそ貢献するものであるにちがいない。(139頁)

このエッセーが，ソマリアの子どもたちがコーラン学校で使う，ラクダのミルクの印象的な描写で始まっていたことを思い出そう。ラクダのミルクによって，子どもたちの持つ板の文字が消され，そのたびごとに彼女ら彼らが成長していくように，過去の消去は，単なる否定ではあり得ない。それは不断の蓄積であり，繰り返される新しい門出なのだ——より豊かな未来に向けての。

このエッセーを読んだ私たち自身が，岡真理の言葉を，自分たち自身の身体と精神の「滋養」として生かすことができるか——「インド洋から吹き込む季節風」のように，「カルダモンの独特の香り」のように，民俗舞踊の「猥雑なエネルギー」のように，「駱駝のミルク」のように，そして，サバンナに花を咲かせ，人々の上に「祝福のように降り注ぐ雨」のように。それは，私たち自身に懸かっている。

パーソナル・イズ・ポリティカル——それは，個人が政治性を獲得して強くなるべきだ，といった類いの権力獲得のスローガンでも，個人の状況はさまざまな力関係に左右されるので詳細な分析が欠かせない，といった類いの学問研究の用語でもない。たしかに，政治的な権力関係の分析は必要だろう。だが，自らも「痛み」を分かち合おうとしない語りや言葉が，実際に「痛い」と言っている相手に届くはずはない。まず，〈他者〉の文化の衝撃に打ちのめされ，うろたえ，堪えること，そして，その体験を自らの〈言語〉で語ること。それが少なくとも他者の文化を知ることの不可能性の証しでもあり，かつ可能性の兆しでもある。〈文化の力学〉は，そのことをまずもって，私たちに教えているのである。

トライアル ▷▷ 植民地主義的テクスト批判

　このエッセーの批判対象のひとつが,「植民地主義的な」文化解釈であることは明らかになったことと思う。そこで,植民地支配の構造が頂点に達した19世紀のヨーロッパ小説か詩から1作,それに現代の日本のテレビドラマかコマーシャルから1作をそれぞれ選び,2作に連関するイメージや主題を指摘して,植民地主義的な姿勢や信仰がいまだに私たちの周囲に蔓延していないかどうか,自分の目で分析してみよう。しかし,ここで前提となるのは,このエッセーの著者,岡真理が自ら示しているような,分析や批評の対象に対する深い愛情である。単なる批判のための批判からは,ここにあるような,共感にあふれた文章は生まれるはずもないのだ。

> こんな本も読んでみよう　　　　　　　　　　　　　　　　　　（第1章）

1 〈他者〉をめぐる議論は多様・多彩だが：

A 性や身体性を手がかりとした哲学的考察として——
- 山崎カヲル・永井均ほか『エロス』（岩波現代哲学の冒険，1990年）

B 「人種」主義に関しては——
- レオン・ポリアコフ『アーリア神話——ヨーロッパにおける人種主義と民族主義の源泉』（法政大学出版局，1985年）
- 「特集　人種」（『現代思想』1988年12月号）
- ジョン・ダワー『人種偏見』（TBSブリタニカ，1987年）
- エティエンヌ・バリバール，イマヌエル・ウォーラーステイン『人種・国民・階級——揺らぐアイデンティティ』（大村書店，1997年）

C 歴史的事実の検証から迫れば——
- 藤永茂『アメリカ・インディアン悲史』（朝日選書，1974年）
- 新谷行『増補　アイヌ民族抵抗史——アイヌ共和国への胎動』（三一新書，1977年）
- 港千尋『太平洋の迷宮——キャプテン・クックの冒険』（リブロポート，1988年）
- 豊浦志朗『叛アメリカ史——隔離区からの風の証言』（ちくま文庫，1989年）
- 増田義郎『新世界のユートピア——スペイン・ルネサンスの明暗』（中公文庫，1989年）
- P. J. マーシャル，G. ウィリアムズ『野蛮の博物誌——18世紀イギリスがみた世界』（平凡社，1989年）
- 岡倉登志『「野蛮」の発見——西欧近代のみたアフリカ』（講談社現代新書，1990年）
- 桜井進『江戸の無意識——都市空間の民俗学』（講談社現代新書，1991年）
- 富田虎男・清水透編『「他者」との遭遇』南北アメリカの500年第1巻（青木書店，1992年）．
- 本多勝一『マゼランが来た』（朝日文庫，1992年）
- スティーヴン・グリーンブラット『驚異と占有——新世界の驚き』（みすず書房，1994年）

D 歴史表象と峻別できないが，文学作品の読解を通した議論には——
- ▶ 川村湊『異郷の昭和文学——「満州」と近代日本』（岩波新書，1990年）
- ▶ 大橋洋一「『テンペスト』と新世界」（『みすず』1993年3，5，8月号）
- ▶ 岩尾龍太郎『ロビンソンの砦』（青土社，1994年）
- ▶ トニ・モリスン『白さと想像力——アメリカ文学の黒人像』（朝日選書，1994年）
- ▶ ピーター・ヒューム『征服の修辞学——ヨーロッパとカリブ海先住民，1492-1797年』（法政大学出版局，1995年）
- ▶ 正木恒夫『植民地幻想——イギリス文学と非ヨーロッパ』（みすず書房，1995年）
- ▶ 佐々木英昭編『異文化への視線——新しい比較文学のために』（名古屋大学出版局，1996年）
- ▶ A. T. ヴォーン，V. M. ヴォーン『キャリバンの文化史』（青土社，1999年）
- ▶ 細見和之『アイデンティティ／他者性』（岩波書店，1999年）

E さらに幻想や神話の領域に踏みこんでいけば——
- ▶ 澁澤龍彦『幻想博物誌』（河出文庫，1983年）
- ▶ 種村季弘『吸血鬼幻想』（河出文庫，1983年）
- ▶ 彌永信美『幻想の東洋——オリエンタリズムの系譜』（青土社，1987年）

F なかでも興味深いのが「カニバリズム（食人）」についての議論——
- ▶ ウィリアム・アレンズ『人食いの神話——人類学とカニバリズム』（岩波書店，1982年）
- ▶ 中野美代子『カニバリズム論』（福武文庫，1987年）
- ▶ マーシャル・サーリンズ『歴史の島々』（法政大学出版局，1993年）
- ▶ ガナナート・オベーセーカラ「『食人種』としてのイギリス人——探検家ジェームズ・クックの死と再生に至る出来事の考察」（『みすず』1993年1月号）

2 「ポストコロニアル文学」と呼ばれる小説作品の邦訳も多い：

A 「支配者の歴史・言語・文化」を領有し見直す——［　］内は作者の出身地
- ▶ ガッサン・カナファーニー『太陽の男たち／ハイファに戻って』（河出書房新社，1978年）［パレスチナ］
- ▶ サルマン・ラシュディ『真夜中の子供たち』（早川書房，1989年）［インド］
- ▶ トニ・モリスン『ビラヴド上・下』（集英社，1990年）［アメリカ合州国］
- ▶ J. M. クッツェー『敵あるいはフォー』（白水社，1992年）［南アフリカ］

- ▶ レンドラ『ナガ族の闘いの物語』（めこん，1997年）［インドネシア］
- ▶ ベッシー・ヘッド『優しさと力の物語』（スリーエーネットワーク，1996年）［ボツワナ］
- ▶ ホセ・マリア・アルゲダス『深い川』（現代企画室，1994年）［ペルー］
- ▶ 李良枝(イ・ヤンジ)『由煕，ナビ・タリョン』（講談社学芸文庫，1997年）［日本］
- ▶ ジーン・リース『サルガッソーの広い海』（みすず書房，1998年）［ドミニカ］
- ▶ マリーズ・コンデ『私はティチューバ──セイラムの黒人魔女』（新水社，1998年）［グアドループ］
- ▶ 趙廷来(チョン・ジョネ)『太白山脈』全10巻（ホーム社，1999-2000年）［韓国］
- ▶ 目取真俊『魂込め(まぶいぐみ)』（朝日新聞社，1999年）［沖縄］
- ▶ エレナ・ガーロ『未来の記憶』（現代企画室，2001年）［メキシコ］
- ▶ アレホ・カルペンティエール『春の祭典』（国書刊行会，2001年）［キューバ］

B 簡便かつ包括的なポストコロニアル文学の案内書は──
- ▶ 『越境する世界文学』（『文藝』別冊，河出書房新社，1992年）
- ▶ 越川芳明・柴田元幸ほか編『世界×現在×文学──作家ファイル』（国書刊行会，1996年）

第2章

言語
――権力の言葉，言葉の力――

We are here, because you were there.
（我々が今ここにいるのは，
かつてあなた方が我々の所にいたからだ。）

酒井直樹「英語とポストコロニアリティ」（『情況』1996年10月号［特集：ポストコロニアル状況とは何か］ 6-13頁）を読む

1 植民地支配と言語

　現在，かつて植民宗主国と呼ばれた元植民地所有国を訪れると，その多くは「白人」が支配的民族なのだが，どこでも多くの「有色人」に出会う。例えば，現代イギリスの文化，文学・芸術・音楽のもっとも豊かな局面を支えているのは，「移民」と言われるかつての植民地から移住してきた人々だ。彼ら・彼女らの言い分は，「あなたたちが昔，私たちのところに来たから，今私たちがここにいる」，もっと直接には「あなたたちの侵略と支配の過去が，現在私たちをこの国に招いたのだ」となる。しかしここで注意すべきことは，このような発言が多くの場合「イギリス語」でなされているということだ，彼ら・彼女らの母語であったかもしれないスワヒリ語とかヒンディー語とかペルシア語ではなくて。

　好むと好まざるとにかかわらず，彼ら・彼女らは自分たちの言葉を奪われ，支配者の言葉を使わざるを得ない。つまり文化の重要な要素である言語こそが，植民地支配の痕跡をもっとも雄弁に刻んでいるのである。この章では植民地と言語の問題を取り上げた酒井直樹の論文を取り上げて，支配的な言語が植民地以降の社会に及ぼす影響を考えてみよう。

> **トライアル▷▷「人種」とアイデンティティ**
> 　上の文で「白人」や「有色人」に，「　」が付いている訳を考えてみよう。ここで言われている「白」や「有色」とは一体どんな「色」を指すのだろうか？　また「白人」と言った場合，それは「白」という色を表すよりは，「透明」つまり「徴(しるし)なし」ということではないだろうか？　それに対して「有色」が「徴あり」とされ，「人種差別」の根拠とされるのではないか？そもそも「人種」とはどのような概念で，いつごろ，またどのような「科学的証拠」のもとに成立したのだろうか，調べてみよう。そして「肌の色」や「眼の色」，「髪の色」などを，目につくアイデンティティの指標であると前提して，その違いを踏まえ，尊重しながら，それらによらないアイデンティティのとらえ方がどのように可能なのか，話し合ってみよう。

キーワード7 ❖〈在日〉

　以上のような事情はもちろん私たちが住んでいる国，日本でも同様ではないだろうか。日本は朝鮮国を1910年から45年まで植民地とし，過酷な経済的・文化的収奪を行った。その結果として多くの朝鮮民族が日本に強制・半強制的に移住させられ，現在約50万人と言われる「在日朝鮮人」の人々の基となってきた。しかしこれらの人々は，たとえばイギリスにおける旧植民地国出身の人々とは異なり，税金を支払う義務を負いながら選挙権はなく，公務員になる資格もなく，外国旅行も困難といったように，政治的・社会的にきわめて理不尽な地位に置かれている。何より問題なのは，そうした日本の植民地支配の直接的結果としてのこれらの人々の存在や社会的差別を，私自身も含まれる多くの「多数派日本人」がその原因を知りもせず，不可思議にも思わないで，「この国が嫌なら朝鮮に帰ればいい」とか「どうして日本に帰化しないのか」などと口にすることではないか。

　その一方でこうした人々を理解・容認するふりを装う人々の中には，「自分は国籍などには囚われない自由な在日日本人だ」などという発言もある。参政権からパスポートまで自分が「日本国民」として享受するあらゆる特権をまったく疑わないままで。

　足を踏まれている者の痛みは当人にしかわからない——このような不平等な社会の現実を変える努力は，他ならぬその不平等から利益を受けている私たちが果たすべきではないだろうか。もちろんこのことは「在日朝鮮人」に限られたことではなく，現在この国に在住する多くの移民労働者など多くの「日本人」でない人々にも多かれ少なかれ共通する問題である。さまざまな異民族を含む「在日」の問題とは「私たち日本人」自身の問題なのだ。

2　「英語」と「イギリス語」

　先に「イギリス語」と言ったが，もちろんこれは日本語で普通「英語」と呼ばれている言語のことで "English" の翻訳である。それを「英語」とし

てしまうと，いくつか見落とされる問題があるかもしれないと思い，あえて「イギリス語」としてみた。まず第1に他の言語に比べて，現在圧倒的に世界で流通している原因のひとつには，5世紀にわたるイギリスの植民地支配の歴史がある。第2に世界のさまざまな場所で話され，ところによっては国家の公用語のひとつともなっている「英語」の多様性が覆い隠されてしまう。ナイジェリアでもジャマイカでもインドでもアメリカ合州国でもオーストラリアでも，「英語」は公用語のひとつではあるけれど，そこで現地の人々が話している「英語」は，イギリスで多くの「白人」たちが話しているそれとは発音も語法も異なる。それを「本家，本元」であるイギリスの方から言えば，「訛り」ということになるのかもしれないが，現地の観点から言えば，土着の言葉に征服者の言葉が融合される過程で，その土地独特の音や用法が加わって変成された独自の言語であると見ることができる。よってそうした差異を無視して「英語」とひとくくりにしてしまうことはできないし，何より植民地支配によって押しつけられたなかで，「イギリス語」を作り替え，領有してきた抵抗の努力を見失ってはならないだろう。第3に，"English"は，「英語」だけでなく「英国民」「英国の」といった意味を表す。つまりそこでは，言語と国籍と文化とが単一の国民国家の要素として一体のものとして発想されているのだ。"Japanese"の場合もそれは同様だが，たとえば"Nigerian"，"Indian"，"Jamaican"となるとどうだろう。いずれの国においても「英語」は「公用語」（のひとつ）だが，「ナイジェリア語」「インド語」「ジャマイカ語」などというものは存在せず，「英語」以外にも多くの言語が共存している（そのなかのいくつかは「公用語」としても認められている）。つまりこれらの国では，イギリスによる植民地化の影響もあって言語・国籍・国民文化の三位一体は成立していないのだ。「英語」の世界における歴史を考えるとき，このような征服と各地における多様性をつねに頭に置いておくことが必要になる（また同様の事情が，かつてのフランスやドイツ，オランダなどによって植民地にされた国々にも存在することも忘れるべきではない）。

3 英語の「国際性」

　さて, 酒井直樹の論文は,「どんな外国人でも英語を話すことを当然と思っている」(6頁)ある英国人(イングリッシュ)の研究者についてのエピソードから書き起こされている。ここで「英国人」に「イングリッシュ」とルビが振られているのはイギリスならイギリスという〈国〉と, そこに住む〈国民〉, そしてその〈言語〉との三位一体とも言うべき前提が問われているからだ。「英国」といった場合に, そこには特殊な歴史性が隠蔽されている。まず政治国家形態としての英国は正式名称を United Kingdom of Great Britain and Northern Ireland (グレートブリテン―北アイルランド統一王国)といい, その国内にはイングランド, スコットランド, ウェールズ, 北アイルランドが包含されており, そのそれぞれが長年の, そして北アイルランドの場合は現在でも血に塗れた争いの歴史を背負っているということ。またイングリッシュと総称される言語や国民にしても一枚岩であるはずはなく, 階級や出自などさまざまな差異を孕んでいること。そのことを意識させながらこの論文は,「英語の国際性の背後には別の意味の歴史がある」(6頁)ことを考えようとする。そしてまさにそのような「国際性」の背後にあるのが植民地支配の「歴史」であることに思いいたり, それが「今もなお, 継続して存在する歴史だ」(7頁)という観点から, 北アイルランドのタイロン出身の英国人(ブリティッシュ)戯曲家ブライアン・フリールの1980年の作品『翻訳』を取り上げるのである。

トライアル ▷▷ 標準語の制定

　そもそもある土地に住む住民が, 自分をある国の国民であると意識し, その国民として共通の言語を話す, と理解されるようになったのはそれほど昔のことではない。その象徴的な事例を1492年にカスティリア王国のサラマンカで出版されたアントニオ・デ・ネブリハの『カスティリア語文法典』に見ることができる。このヨーロッパ語最初の文法書は当時のカスティリア女王イサベラ(カスティリアとアラゴンの両王国が合体して今日のス

ペインの原形が出来上がる)に捧げられているのだが，その献辞の中でネブリハは「言語は帝国の伴侶」であって，「帝国は国語とその誕生を同じくする」と述べている。まさにこの同じ年に，イベリア半島からイスラム教勢力が駆逐されるレコンキスタ（再征服）の完成と，ユダヤ教徒の追放，そしてコロンブスによる「新大陸の発見」が起こっていることの符合を考えるとき，このネブリハの発言は，ある特定の言語や文法が「正しい」国民言語とされ，それが国内でも国外でも「間違った」言葉や用法を駆逐していくことで，帝国が形成されていく政治的・文化的過程を見事に予言している。こうしてスペイン語がスペインという国民国家の「正統な」言語とされ，それ以外は「方言」や「異言語」として下位に置かれることによって，支配するものとされるものという階層秩序が作られていくのである。

　同様のことが世界のあらゆる地域で起こっていくのだが，こうした「標準語」制定の経緯を，日本という近代国家の成立事情と合わせて，とくにアイヌ民族と沖縄民族の日本文化への「同化」とそれに対する抵抗の歴史について調べてみよう。

4　言語と植民地主義

　酒井は先に述べた「英語」の多様性に言及しながら，とくに旧英国植民地でありながら20世紀に独立したアイルランド共和国と，現在でも統一王国の一部である北アイルランドの場合に注意を促す。ここで問題になるのは，言語とそれを使う民族との関係である。

　そこで，英語が「英国人（イングリッシュ）の言語」であり，「アメリカ合州国民の言語」であり，さらには「アイルランド人の言語」であるというときの，格助詞「の」の，そのつどわずかに異なった働きが気になってくるだろう。フリールの「翻訳」が提示するのは，言語と民族をつなぐこの「の」にまつわる言語の所有・由来・帰属と植民地主義の歴史の密接なかかわりであり，その歴史の現在における効果なのだ。（7頁）

この「の」で結ばれる前者の項と後者の項との関係は一様ではない。「英国人」や「アメリカ合州国民」が「英語」を使う場合と，それらの国によって植民地支配された「アイルランド人」や「ハワイ人」や「フィリピン人」，「オーストラリア人」が「英語」を使う場合とでは，それぞれ力関係が異なるからだ。酒井は言語の使用を国民的主体形成の重要な契機と見て，そこに植民地主義を介した重要な「国際性」の根拠があると看破する。

　一方で，ある言語を「母語」そして「母国語」として所有し，自からの由来をそこに求め，そこに帰属の根拠を求める行為，すなわち，民族や国民への同一化とその同一化を通じた国民や民族の主体構成の行為と，他方，ある言語を学ばされること，自分たちのものでない言語を身に付けることによって国民に新たに参入する，別の同一化と主体構成の行為と，植民地主義の三者の切っても切れない関係が，この戯曲の主題になっているのである。すなわち「翻訳」において，私たちは，英語の国際性の歴史に直面するのである。(7頁)

　この戯曲の粗筋を語りながら酒井が注目するのは，登場人物のひとりで通訳者であるオーウェンの役割だ。彼はアイルランドの原住民（彼らにはラテン語やギリシャ語のような古典語の素養がある）と，英国政府の支配下にこの土地を置くための測量事業に従事するイギリス人たちとの仲介役であるだけでなく，翻訳を通じて「植民地主義下の状況でアイルランドの原住民を『近代化』へと開く決定的な役割をになわされてしまう」(8頁)。異なる２つの言語に通じた者が，征服に果たす役割に注目する視点がここにある。

ブック

　先住民と征服者とをつなぐ「通訳者」の役割については，ツヴェタン・トドロフ『他者の記号学——アメリカ大陸の征服』及川・大谷・菊池訳（法政大学出版局，1986年）を参照。

5　英語の「普遍性」

　しかし私たちにとってさらに重要なのは，登場人物が喋る言語である「英語」とそれを理解する観客の特権的位置である。なぜならこの劇でアイルランドの原住民を演じる役者たちは，その本来の言語であるはずのゲール語ではなく，「アイルランド訛の英語」を喋り，英国政府の測量隊士官たちの喋る「標準英語」と対比されることで，観客は「互いに言語差によって隔離された2つの特殊な共同体の両方を，同時に俯瞰しうるような"普遍的"な位置を占めているような錯覚を持たされるのである」(8頁)。つまり観客は，言語差による相互理解の不可能を認識はするが，それを実際に体験することはない。さらにこの登場人物たちの現実的不能状態と，観客の演劇的全能状態との関係は，1833年という再現されている過去と，それを観照している20世紀末の現在との時間的落差との関係に比せられる。
　つまりこの劇の観客の多くがおそらく疑うことのなかった英語の普遍性なるものも，実は人為的に形作られたものであり，観客自身の現在の理解能力をも規定している150年あまりの植民地支配の歴史と不可分のものである。そのことが登場人物たちの不能を笑ったり悲しんだりする観客の優越感そのものにおいて暴露されるのだ。

> **ノート**　〈外国語理解能力とは？〉
>
> 　この観客の特権的理解能力という問題は，私やあなたのような「英語」を第1言語としない「外国語学習者」にとってはさらに複雑な様相を呈するだろう。つまり多くの私たち「日本人」にとっては，舞台で語られる「標準英語」は理解できたとしても，「アイルランド訛の英語」は聞き取りにくいという事情があるだろうからだ。おそらくそのような観客にとって，「訛った英語」を話す「原住民」たちは，「標準英語」を第1言語とする観客が見る以上に，より教養の劣った人間として見られがちだろう。すでに私たちの外国語習得プログラムが，「標準語」を上位とし，その他の「派生語」を下位に置くような植民地的権力構造を内包していないだろうか？　ここにいわゆる「英語帝

国主義」につながる問いがある。この劇はもちろん,「原住民」たちに古典語の素養を与えることで,そのような構造を逆転させているのだが,さらにそのことはギリシャ語やラテン語を解する観客とそうでないものとの格差についての問いも生むだろう。このようにこの劇の利点は,言語の政治的歴史に対する複層的な問いを観客ひとりひとりの理解能力に応じて引き出す点にある。私たち自身がこの「歴史」から免れることができないからだ。

6　植民地女性の征服

　この劇では「言語差による非共約性」,つまり支配者の言語をしゃべる者と被支配者の言語をしゃべる者との立場の違いを超えたアイルランドの村娘と英国人士官との恋愛が芽生える。しかしそれが結局,士官の村人による殺害,それに対する測量軍隊の報復暴力という悲劇を生む。植民地状況下では,支配者による征服が被支配者の女性を性的に領有することの比喩によって描かれるのが一般的であり,2人の関係は支配者からも被支配者からも,植民地女性の征服という偏見によって汚され,暴力の連鎖を招いてしまったのだ。劇は観客に,来るべきイギリス帝国の植民地主義の暴力と,アイルランド人自身による「英語を自らの言語として内面化し…英国人(ブリティッシュ)として自己画定し始める」(10頁)過程を予見させて終わる。

　言いかえれば,「アイリッシュ」というアイデンティティを持っていた人間が,「イングリッシュ」という言語を通して,イングリッシュという人々が他のアイリッシュやウェルシュ,スコティッシュという人々(あるいはインド,ナイジェリア,ジャマイカなどといったイギリス植民地から流入してくる人々)に対して支配的位置にあるような「ブリティッシュな国民・国家・文化」という,より広いアイデンティティのなかに包含される,ということだ。そのことによって内に多様性を抱え,外に植民地支配を擁した「イギリス＝グレートブリテン」という帝国主義的な国民国家が完成するのである。

7 歴史意識としてのポストコロニアリティ

　ここで論文はアイルランドの原住民を演じる俳優が，この劇でアイルランド語を話さない理由に再びたち帰る。ある意味で事情は簡単だ。世界中の多くの観客は，英語は理解できてもアイルランド語は理解できないからであり，この劇を世界の多くの場所で興行可能にし，しかも観客に通訳者としての「錯覚」を味合わせるためには，現在の「普遍」言語である英語を選択せざるを得ないのだ。つまり，「私たちが今もなお従属し続けなければならないような歴史的制約を生み出してきた歴史が，現代の歴史的制約を象徴的に提示する舞台と観客との間の関係構造を通じて，表象―再現され追想されるのである」(10頁)。この過去と現在とのねじれた関係に対する洞察から，酒井は「ポストコロニアリティ」についての理論的定義へと向かう。すなわち，

　　おそらく，ポストコロニアリティというときの「ポスト」とはこのような過去の歴史とその現在における効果の逆転した関係に関する意識のことである。それは，単に「後に来る」ということではない。過去を表象する可能性そのものが，過ぎ去ったはずの歴史の現在によってもたらされているという苦い意識なのである。(10頁)

　ここで大事なのは，「過去の事件が実定的に表象―再現しうるとする思い込み」から生まれる「歴史」と，それへの批判的態度，つまり「過去を追想する作業そのものが歴史の中で何度も起こった悲惨の消去の上に成り立つ騙（かた）りではないかと疑う」「歴史意識」との峻別である。フリールの戯曲における「英語」の選択が示すように，過去の出来事を「表象―再現」する現在の可能性が歴史によって制約されているのだから，歴史意識は，一方で過去による制限を受けながら未来への可能性にも開かれているものとなる。そのことを酒井は，歴史意識の「超越論的」態度，すなわち現実に対して一定の距離を置いた，ある種の「理論性」を帯びることと定義する。

8　理論的実践としてのポストコロニアル研究

　こうしてこの論文は,「歴史意識としてのポストコロニアリティ」が理論的であらざるを得ない所以を説いていく。そこで言われている「理論(theory)」とは,酒井によれば,過去に制約された私たちの,現在の立場からする過去の事実への直接的対決のようなものであり,それは出来事に直接関与せず,中立の立場から冷静に観察する観照的態度(theoria)とは一線を画すべきものとなる。

　ポストコロニアリティという言葉が私たちに差し示しているのは,過去が観照〔中略〕しうるものとして私たちに与えられているのではなく,過去が現在のなかで生き続けている以上,過去を単に追想することはできず,過去に対して実践的にかかわらざるを得ないという覚悟のことだろう。過去に対する実践的な対決の態度を理論と呼ぶとき,理論は観照とはちがったものとなり,ポストコロニアリティは観照(テオリア)とは違った意味での理論を示唆するはずである。(11頁)

　かくしてポストコロニアル研究は,理論のための理論であることが許されない。それは,現実から抽象されたものでありながら,その抽象性ゆえに多様な現実に介入することが可能となるべきもの,理論的であるがゆえに実践的であり,実践的であるがゆえに理論的である,という宿命と可能性を同時に担うことになるのだ。

9　フリールの国民主義

　そのような理論的関心から,フリールの『翻訳』を再考してみると,そこでは「英語」に関して理論的に批判しながら,「アイルランド語」に関しては非理論的に無批判なままでいることがわかる。

「翻訳」は英語が現実に普及している事実に依存しつつ，その国際性が多くの暴力的な消去によって推進されてきた歴史を照明する視座を，舞台と観客の間で演じられた関係構造を通じて打ち立てようとする。〔中略〕しかし，フリールは，あらかじめアイルランド語とアイルランド語の共同体の存在を前提した上で，状況の設定をしてしまった。ブライアン・フリールは国民主義的な戯曲家としてこの作品を発想してしまったのである。(11頁)

つまりこの戯曲は，支配的言語についてはポストコロニアルな批判意識が鮮明だが，抑圧された被支配言語については十分にポストコロニアルな歴史意識を持ち得ていないのではないか。そこで問われている問題は，支配的・被支配的を問わず，同一の言語や文化を持つ民族共同体の存在を自明のものとして前提とすることができるだろうか，という問いであり，「アイルランド語なる言語の統一体の意識が，英国の植民地支配とその報復の闘争以前に存在しえたのだろうか」(11頁) という疑問である。

10　歴史意識と国民的共同体

こうした問いは，現在すでに自明のものとされている「英語」や「アイルランド語」といった統一的文化共同体を，植民地支配の遺産としてとらえなおす視点につながる。その点から言えば，フリールのこの戯曲は，「閉ざされた空間的な閉域として言語統一体を想像し，言語間の非共約性を，このような空間的な二つの閉じられた体積の間の空間的な隔離として想像する，基本的に伝達モデルに従う翻訳の形象化の仕方」(11頁)という現在の観客の思考形式を過去に当てはめたものとして批判されるだろう。

この論文は，翻訳という過程を２つの閉域間の交流として発想することを，歴史意識の欠如として指摘する。つまり，このような２つの共同体の閉鎖的成立とその交流という発想は，この戯曲が描く事件の後，すなわち「イングリッシュ」(狭い意味での英国性，英民族，その言語や文化)の植

民地主義によって「アイリッシュ」（狭い意味でのアイルランド性，アイルランド民族，その言語や文化）が「ブリティッシュ」（広い意味での英国性，そこに多様な民族的要素を抱え込んだイギリスという多民族国家の言語や文化）として自らの主体を定立した後にはじめて可能になったからだ。そして，このような民族共同体の成立をめぐる批判的意識を導き出す歴史意識こそが，ポストコロニアルな理論的実践なのである。

11　植民地主義の否認をどう批判するか

　論文は結論部でフリールの戯曲が，「英語の国際性そのものがはらむ帝国主義／植民地主義的性格」に自覚を促す点を評価する。しかし，現実の社会において，西ヨーロッパ，アメリカ合州国のような植民地主義の遺産の蓄えによって，いまだに覇権を握っている国々で起こっているのは，そのような遺産の負の部分を否認し，消去しようとする態度だという。たとえば，香港の植民地支配に対する英国の，アメリカ先住民に対するアメリカ合州国の，過去の悲惨を否認する態度は，酒井によれば，戦後日本における帝国主義／植民地主義の過去の忘却と同様の現象であると考えられる。

　かくしてポストコロニアルな批判的歴史意識とは，このような否認の態度をいかに批判し，干渉するかによって価値を問われることになる。それはただ過去の事件を表象―再現することによるのではなく，過去を否認しようとする者が，その対象に直面せざるを得ないような「精神分析的手法」（13頁）による歴史の探求，すなわち植民地主義的な否認の心理的メカニズムを探ることがポストコロニアル研究には求められている。この意味で，日本の植民地主義の歴史は有効な事例を提供するはずだと，著者は言う。なぜなら日本の明治以降の歴史は，西欧の「植民地主義に対抗するという名目の下に，自らが帝国主義／植民地主義化する国民主義のひとつの典型」（13頁）を示しているからだ。フリールの戯曲がその罠に落ち込んでしまったように，国民主義の自縛から逃れることは容易ではない。植民地主義の犠牲者やマイノリティに属する人々によって，過去の悲惨に強制的に直面

させられた国民社会の主流にある人々が，ふたたび国民主義の殻に閉じこもって過去を否認する態度を批判すること——ポストコロニアル研究の理論的可能性とは，それぞれの個別の事例に基づいて，そのような否認の精神的しくみがどのように働くかという普遍的モデルの探求にあるはずだ。

トライアル▷▷否認のメカニズム

　酒井の論文は，植民地主義を否認するための国民主義の強化に対する批判的視点の必要を強調して終わっている。20世紀末と今世紀初頭の日本はこのような事例に事欠かないように思われる。そこで以下の事例から各自ひとつを選んで，その事実関係をまず調べ，その上で国民主義的な否認のメカニズムがどのように作動しているのか考えてみよう。

1．1991年に金学順さんが名乗り出られてから国民社会の意識に自覚されるようになった「従軍慰安婦」＝日本軍性奴隷制度被害者に対する反応。
2．小林よしのりの『戦争論』や『台湾論』の主張を支持する読者の存在。
3．2001年，「新しい歴史教科書をつくる会」が書いた中学校歴史・公民教科書の文部省検定合格とその教育機関での使用採択決定。
4．2002年9月17日の日朝首脳会談で明らかになった「日本人拉致問題」をめぐる，その後の日本国内の「北朝鮮」に対する排外的感情。
5．2004年8月13日の沖縄国際大学での米軍ヘリコプター墜落事故後の，「日米再編」をめぐる日本人多数派の「沖縄の基地問題」に対する反応。

こんな本も読んでみよう (第2章)

1 植民地主義(コロニアリズム)，ポストコロニアリズムの議論もきわめて盛ん：

A 序章で取り上げたファノン以外の，植民地主義を論じた古典には――
- ▶ V. I. レーニン『帝国主義』(岩波文庫，1956年)
- ▶ アルベール・メンミ『植民地――その心理的風土』(三一新書，1959年)
- ▶ エメ・セゼール『帰郷ノート／植民地主義論』(平凡社，1997年)

B ウォーラーステインのほかにも，植民された側から見た歴史として――
- ▶ エリック・ウィリアムズ『コロンブスからカストロまで――カリブ海域史，1492-1969 (I, II)』(岩波現代選書，1978年)
- ▶ R. メジャフェ『ラテン・アメリカと奴隷制』(岩波現代選書，1978年)
- ▶ E. ガレアーノ『収奪された大地――ラテンアメリカ五百年』(藤原書店，1991年)
- ▶ ナタン・ワシュテル『敗者の想像力――インディオのみた新世界征服』(岩波書店，1991年)
- ▶ ロナルド・ライト『奪われた大陸』(NTT出版，1993年)
- ▶ 川北稔『砂糖の世界史』(岩波ジュニア新書，1996年)
- ▶ R. グハ，G. パーンデー，P. チャタジー，G. スピヴァク『サバルタンの歴史――インド史の脱構築』(岩波書店，1998年)

C 新植民地主義的な「南北問題」の根源と現状，そして未来像を探るために――
- ▶ スーザン・ジョージ『債務危機の真実――なぜ第三世界は貧しいのか』(朝日選書，1989年)
- ▶ 岩倉洋子・上村英明ほか『先住民族女性リゴベルタ・メンチュウの挑戦』(岩波ブックレット，1994年)
- ▶ マリア・ミース，ヴァンダナ・シヴァほか『食料と女性――フェミニズムの視点から』(アジア太平洋資料センターブックレット，1998年)
- ▶ 『〈南〉から見た世界』全6巻，①姫田光義編『東アジア・北東アジア――中華世界の内と外なる〈南〉』，②古田元夫編『東南アジア・南アジア――地域自立への模索と葛藤』，③北川勝彦編『アフリカ――国民国家の矛盾を超えて共生へ』，④栗田禎子編『中東――多元的中東世界への序章』⑤清水透編『ラテンアメリカ――統合圧力と拡散のエネルギー』，⑥木畑洋一編『グローバリゼーション下の苦闘――21世紀世界像の探求』(大月書店，1999年)

D　ポストコロニアル批評の理論書としては――
- グギ・ワ・ジオンゴ『精神の非植民地化――アフリカのことばと文学のために』（第三書館，1987年）
- ガヤトリ・スピヴァク『文化としての他者』（紀伊国屋書店，1990年）
- エドワード・サイード『オリエンタリズム』（平凡社ライブラリー，1993年）
- アーニャ・ルーンバ『ポストコロニアル批評入門』（松柏社，2001年）
- ホミ・バーバ『文化の場所――ポストコロニアリズムの位相』（法政大学出版局，2002年）

E　文学を題材としたポストコロニアル批評で1章で挙げなかったもの――
- スティーヴン・グリーンブラット『悪口を習う――近代初期の文化論集』（法政大学出版局，1993年）
- S. ディーン，T. イーグルトン，F. ジェイムソン，E. サイード『民族主義・植民地主義と文学』（法政大学出版局，1996年）
- 小森陽一・紅野謙介・高橋修編『メディア・表象・イデオロギー――明治三十年代の文化研究』（小沢書店，1997年）
- B. アッシュクロフト，G. グリフィス，H. ティフィン『ポストコロニアルの文学』（青土社，1998年）
- 岩尾龍太郎・西成彦ほか「ポストコロニアリズムと文学」（『思想』1999年3月号）
- サーラ・スレーリ『修辞の政治学――植民地インドの表象をめぐって』（平凡社，2000年）
- エドワード・サイード『文化と帝国主義（1，2）』（みすず書房，1998，2001年）

2　言語と帝国主義，あるいは「言語帝国主義」について：

A　文化／言語／民族／国家の一元化を問題視するために――
- ウォルター・J・オング『声の文化と文字の文化』（藤原書店，1991年）
- ジョン・トムリンソン『文化帝国主義』（青土社，1993年）
- 三浦信孝編『多言語主義とは何か』（藤原書店，1997年）
- 西川・渡辺・マコーマック編『多文化主義・多言語主義の現在――カナダ，オーストラリアそして日本』（人文書院，1997年）
- 複数文化研究会編『〈複数文化〉のために――ポストコロニアリズムとクレオール性の現在』（人文書院，1998年）

B 　とくに日本語・日本文化と植民地については——
- ▶川村湊『海を渡った日本語——植民地の「国語」の時間』（青土社，1992年）
- ▶石 剛(シー・ガン)『植民地支配と日本語——台湾，満洲国，大陸占領地における言語政策』（三元社，1993年）
- ▶小熊英二『単一民族神話の起源——〈日本人〉の自画像の系譜』（新曜社，1995年）
- ▶イ・ヨンスク『「国語」という思想——近代日本の言語認識』（岩波書店，1996年）
- ▶酒井直樹『死産される日本語・日本人——「日本」の歴史—地政的配置』（新曜社，1996年）
- ▶池田浩士『［海外進出文学］論・序説』（インパクト出版会，1997年）
- ▶小森陽一『ポストコロニアル』（岩波書店，2001年）

第3章
メディア
――出来事への共振――

Read between the lines.
（行間を読みなさい。）

太田昌国「チャビン・デ・ワンタル，哭く」（『「ペルー人質事件」解読のための21章』現代企画室，1997年，201-21頁）を読む

1　メディアの裏を読む

　よく教室などで文学の時間に「行間を読め」などと言うけれども，その姿勢は新聞やテレビ，雑誌などのマスメディアを読み解くときも同様に必要になる。とくに扱われている事件が，日本というこの国における現状を映し出すものであるときにはなおさらだ。この章での思考の契機となる「ペルー人質事件」(1996年，事件の概要については次節で)のように，多数派日本人の〈他者〉の文化・言語・歴史に対する無知・無関心と，それに密接に結びついた自らの植民地主義や戦争責任に対する無反省を如実に示すものである場合には，まさに「行間を読む」ことによって，メディアに現れた私たち自身のナショナル（国民主義的）な思考の限界や，無知を恥じて行動することの大切さを知ることが可能となる。多くの人々の目に触れやすいマスメディアではなく，徹底してミニコミ雑誌や反体制派出版物のようなマイノリティなメディアに文章を書き継いできた太田昌国のこの文章（初出は雑誌『インパクション』103号。1997年6月30日という執筆期日が明記されている）は，そのようなメディアに対する私たちのとるべき構えのひとつを示してくれる。

　太田昌国のこの著書は，当時のフジモリ大統領によって暗殺されたMRTAの14人に捧げられ，後書きには彼ら彼女らの名前が判明している限り感謝の念と共に記されている。そこに〈他者〉に対する謙虚な姿勢と，「事件」を素材にして持論を語るのではなく，この出来事を自分自身の生き方への問いとしようとする著者の意志が静かに強靱に表明されている。もちろん「テロリズム」には，単独者による自爆行為から国家の軍隊による大規模空襲まで多くの類型とその背景となるさまざまな政治的・経済的力関係があり，安易な正邪の判断を許さない。しかし，この事件について語った誰が，「ゲリラ」とされながら犠牲となったペルーの貧しい若者たちの名前を記憶し，彼らの人生と自分のそれとを重ね合わせる努力をしてきただろうか？「メディアの行間を読む」とは，畢竟そのような営み——メディアを超えて自分と他者との回路を繋ぐ試み——のことを言うのではないだろうか？

2　ペルー日本大使館公邸占拠事件

　太田のこの著書はこの事件に関して彼が1996年から半年あまりにわたって種々の（多くはマイナーな）メディアに発表した文章を時系列順に収録しており，事件についての日本のメディアにおけるとり上げ方をきめ細かく批評した文章が並んでいる。まず事件のあらましから復習しよう。

　1996年12月17日，トゥパク・アマル革命運動（MRTA）メンバー十数人が，リマの日本大使館公邸で行われていた天皇誕生日の祝賀レセプションを襲撃，600人以上を捕虜にした。MRTAは当時のフジモリ大統領政権に対し，貧困階級を抑圧する経済政策の変更や，獄中の仲間の釈放を要求するが，フジモリ大統領は一貫してMRTAの要求を拒否。人質が徐々に解放されていくなかでペルー政府とMRTAのあいだで3月まで予備的対話が断続的に繰り返されるが，双方の主張は平行線を辿る。4月22日，ペルー政府軍特殊部隊が3カ月間地下に掘り進めていたトンネルを通って公邸に強行突入，人質1人，兵士2人が死亡，MRTAメンバーは全員が殺害された。

3　「日本人の安否」

　こうした概要だけからもすでに，日本の外交のあり方や，ペルーの富者優先経済政策，フジモリ大統領の「裏切り的電撃作戦」など，いくつもの問題が浮かび上がるのだが，それらの検討は太田の文章に譲る。ここでまず私たちが踏まえておくべきことは，一見遠い国の，しかも大使館という庶民とは関係のなさそうな舞台で起こった出来事が，それを圧倒的な頻度で扱った日本のマスコミ報道を通すことによって，私たちに「身近な」事件となったばかりか，日本の現実を検証する格好の機会を提供した，ということである。

　この事件に限らず，たとえば世界のどこかで飛行機が墜落したり，観光バスが転落したりすると，真っ先にメディアが伝える「日本人乗客は…」という報道。こうした報道を支えるのが，世界中に日本人が観光旅行に出

かけることで事故の確率を増やし，国民の税金で在外大使館でパーティを開く，という事実だ。また，「在留邦人の救出」を目的に海外に軍隊を派遣するという構図に適応するのも，そのような「日本人の安否」を気遣う気持ちである。スポーツの世界大会の報道とまったく同じく「日本人」への関心を第1にする私たちの心根は，現に存在するのだ。それを「私とは関係ない」，「俺はマスメディアは信用しないから」，「私は気持ちとしては『日本人』ではないから」などとうそぶいてみたところで，そのような現実を変える力にはなり得ないどころか，むしろ「日本人」としての特権を享受させてくれている社会の現状を強化することにしかならないだろう。

4 「事件」の深層

太田の文章もそのような「日本の現実」に対する問いから始まっている。彼による事件の分析は次の2点に集約される。

1．「MRTAの社会変革の理論と実践の当否や今次作戦の妥当性いかんは，誰よりもペルーの民衆によって評価と判断が下されるよりほかはな」く，「単なる『暴力非難』『人質の安否』に収斂する報道に抗して，事件の社会的・政治的・経済的背景をこそ熟慮すべき」（202頁）である。
2．肝要なのは，「物事のよってきたる原因を少しも解決していないこの『決着』の仕方がペルーに残す傷跡の深さや，日本で台頭している武力行使肯定論と危機管理論のまやかしと危険性」（202頁）である。

ところがこのような主張は，太田によれば「極め付きの少数派に属しているもののように見受けられる」（202-3頁）という。「倒錯としか思えない，こんな現実」が，どうして起きてしまうのか？

5 メディアにおける武力行使肯定

　その問いに答えるために，太田は事件に対するメディアでの発言例をいくつか具体的に取り上げていく。たとえば，フジモリの「武断主義」を称えながら橋本政権の「弱腰」を非難する言論の典型は福田和也のそれである。福田はフジモリを名誉心に富んだかつての日本の侍に擬して，その暴力に屈しない姿勢を絶賛する。それは太田によれば，「テロ行為に有効に対峙するためには軍隊や警察という国家の暴力装置の行使をためらう必要はない」というアメリカ合州国式の「国家危機管理」モデルに従えとの主張にほかならない。そうした暴力発動によって米国の権益や在留国民の安全が確保されてきたという信念は，しかし，「いわゆるテロ活動なるものが，世界中でも実は，軍事力の行使を決してためらうことのない米国とイスラエルがもっともその支配力と影響力を及ぼしている地域でこそ多発している」（206頁）という客観的現実によって崩される。

　そのような「武力行使肯定論」に対して，太田は「平和解決」のための具体的方策が，今回の事件の場合にも存在したはずだと主張する。すなわちMRTAの要求した「監獄にいる仲間の釈放」と「経済政策の変更」に関する可能性である。しかし日本政府は，たとえ政治的・経済的・社会的に密接な関係のあるペルーのような国の人権や民主主義の浸透状況に関心を持ってこなかったし，「弱者救済」を公約に掲げて1990年の大統領選挙に勝利したフジモリの民衆に犠牲を強いる経済政策を知りながら問題にしてこなかった。そしてそのような歴史的視点から，この事件の背景を探り，それに対する日本自身の責任を問おうとするメディア報道は皆無に等しかった。それはとりもなおさず，日本をはじめとする「過剰産業国」が「発展途上国」を貧困に追い込んでいるという自覚が，私たちの社会に欠けているからにほかなるまい。「平和解決」の可能性を摘みとったのは，まさに私たち自身のそうした問題に対する無知，現実への想像力の欠如であり，それを是認し増幅するメディアの報道だったのではないか。

> **トライアル ▷▷ 国際金融・開発援助の実状**
> 　太田は現在の世界的な経済秩序を，「ペルー人質事件」の文脈を踏まえて次のように形容する――「G7の会議に集うような産業先進国と，世界銀行・国際通貨基金(IMF)のような国際金融機関は，南の諸国を一国まるごと『人質』にとっているに等しい。前者が後者に新たな融資を行なう時に条件づける構造調整政策（市場経済化，民営化，政府補助金の廃止，輸出産業の奨励，外資の積極的な導入と優遇措置，そして以上の施策の上に立つ債務の早期返済）は，『人質』に課せられた苛酷な条件の具体例だ」(208-9頁)。もちろんここには，世界の現実を見たとき本当に「人質」に取られているのは誰なのか，という問いがあるのだが，こうした現状を日本と関係の深い東南アジア諸国の実例で検証してみよう。その際，日本の国際金融機関における貢献の実態，政府開発援助(ODA)など日本独自の融資との関係，日本の過去の植民地支配の影響，そうした融資が現地の政治・経済・社会・自然環境に与える影響，現地におけるそのような現状への反対運動，といった視点にも配慮してみよう。

6　「武力行使」の現実

　「平和解決」とは正反対の「武力作戦」をメディアは絶賛し，日本の「世間」は歓迎したが，それはどんな「現実」だったのか？　それはペルー民衆に対する暴力的威嚇に他ならなかった，と太田は言う。

> 　軍事作戦終了後，フジモリ大統領は勝ち誇った表情を浮かべながら，邸内を巡回した。1階から2階へ上がる階段の途中には，セルパとロハス（通称アラベ）の死体が転がっており，大統領はそれを見下ろしながら階段を上った。日本ではぼかしが入れられて曖昧な画像になったが，セルパの首は半分だけ切り裂かれ，喉仏が真っ二つにされていた。そしてロハスの首から先は見当たらなかった。切り口はいずれも明らかに刃物で切られていた。(212頁)

また，特殊部隊が邸内をほぼ制圧した段階で，3人ないし4人のMRTAメンバー（うち一人は女性）は「投降」し，武装解除されていた。兵士たちは彼（女）らを思い切り蹴ったり殴ったりした後に，公邸外に連れ出そうとした。「頼むから殺すな」と日本人の人質が叫んだ。「チャビン・デ・ワンタル」（引用者注：ペルーの古代遺跡）とフジモリ大統領によって名づけられたトンネルを抜けて周囲の民家の一角に連込まれた彼（女）らは，そこで処刑されたのだろうと，現場にいた報道者は言う。(213頁)

キーワード8 ❖〈マスメディアの「中立性」〉

　日本のメディア（テレビ，雑誌，新聞など）では，死体や性交渉，暴力の痕跡などを「残酷」とか「教育上の配慮」などとしてぼかしを入れたり，隠すことが慣例となっている。そのこととメディアが自分に対して使いたがる，「中立公正」とか「政治権力からの独立」とか「熟慮断行」とかいったイデオロギーとはどのように関わっているのだろうか？　たとえそのような言葉を使わなくとも，「…のように見える」とか「社会の反響を呼んできた」などといった主体を隠蔽し，社会への自らの影響力を糊塗するメディアに頻出する慣用表現は，言論・世論操作の特権を維持しながら書き手・送り手自身の責任を回避する姿勢の現れではないか（太田の文章が繰り返し「私は」と表現の主体を明示して，応答と責任のありかを示しながら，そのようなメディアの「中立性」の虚妄を暴いていることの意味を軽視してはならない）。

　こうしたメディアの「配慮」が実はダブルスタンダードの一面であることは，視聴者や読者の関心を引くためには被疑者の顔写真や実名まで出して報道を競うメディアの実態を見れば明らかだろう。「ペルー人質事件」の場合や，あるいは戦争暴力の被害者の写真など，いかに「残酷」であろうとも，ぼかしなどを入れることなく直視すべきである，それが暴力に直面する勇気とそれを繰り返さない努力に繋がる，とあなたは考えるだろうか，それともそうした「現実表象」には限度を設けるべきだと考えるだろうか？あらゆる言説はメディア——新聞・雑誌・テレビ・ラジオであれ，芸術表

現であれ，集会や教室での発言であれ——を通して生産され社会的に多様な力関係の影響を受けている。「中立で無色透明な」メディアなど，そもそもあり得ないのである。

7 日本人のペルーへの無関心

しかし太田が武力による「平和解決」の実態以上に批判して止まないのは，そのような現実を知った上で，その措置への「感謝決議」を満場一致で（つまり野党も賛成）可決した日本国会であり，フジモリの指導者としての卓越性を語る論者たちである。彼らに共通するのは，「今回の事件をいかに自らが思う形で日本のために利用するかという関心」であり，「ペルーに対する徹底的な無関心」(215頁)だ。武力突入は問題の根源を何ら解決することなく，ペルー社会に深い傷跡だけを残した。私たちはなるほど「外部の人間」(216頁)かもしれないが，そのことを客観的に認識しながら，彼ら彼女らの痛みを想像することは，そんなに難しいことなのだろうか？

8 マスメディアがとりあげたゲリラの「人間らしさ」

MRTAのメンバーたちの姿は，日本のマスメディアによってどのように報道されただろうか？　太田の整理によれば，それは，公邸のテレビのメロドラマに夢中になる16歳ぐらいの少女たちであり，4人ほどの指導部を除いては報酬目当て，つまりアルバイト気分で参加した若者たちであり，人質の政府軍軍人に軍隊入隊希望を打ち明ける青年であり，インスタント・ラーメンや差し入れの和食弁当をおいしそうに食べて太った男たちであった。太田自身は，そうした報道に何がしかの真実があると仮定して，「これらのエピソードにはMRTAメンバーの「人間らしさ」が表れていると思い，どこかほっとするものを感じた」(219頁)。だが，その一方でゲリラの「大義の欠如」や「アルバイト精神」を嘲笑・侮蔑・非難するメディアの姿勢の「滑稽」さを次のように書きつけるのだ。

ペルーの中央森林地帯に生をうけ，幼い頃からさまざまな労働に従事せずには，自らがその一員である家族が食べることもできなかった生活経験を持つ一少女なり一少年が，この作戦に参加することで「報酬」が得られるかもしれないと期待していたところで，生活のためのその切実な思いを，いったい誰が論難できるというのだろうか？　「大義」に比してそれは「卑小だ」と嗤いたいのだろうか？　わざわざペルーまで飛んで，問題の本質に届かぬつまらぬ記事やコメントを送り続け，日本ナショナリズムを強化する人質報道に純化した仕事の「成功報酬」として，ペルーの少女には想像もつかない巨額の賃金を手にすることができた特派員あるいはその種の報道姿勢を指示・煽動した本社デスクに，ゲリラたちの「ささやか」すぎる夢を嗤ったり揶揄したりすることが，いったいできるのだろうか？　（220頁）

　ここには，経済・社会・政治の根幹に関わる差異を認識し，その原因を探り，事の真相をつかもうと努力することの重要性がある。メディアを批判するとは，それを作り，伝え，読む私たち自身の生き方を問うことに他ならない。そうしてみて初めて，ゲリラの「真相」を報道するメディアの向こう側を見ようとする，次のような太田の思いも生まれるのだ。

報道者が別な意味を込めたかったらしいこの種の（人間らしいゲリラの——引用者補足）エピソードの延長上には，私の考えでは，人質に向けたカラシニコフ銃の引き金をついに引くことができなかったゲリラの姿がある。マスメディアの上では「人間の心」をもったゲリラがいつでもどこでも揶揄され，「冷酷な国家テロリスト」が称揚されるこの倒錯は，いったい何なのか？　（220頁）

> **ブック**
>
> 事件当時，実際に人質として公邸内に居た日本外務省の書記官による回想をもとにした「事件」分析の本がある——小倉英敬『封殺された対話——ペルー日本大使館公邸占拠事件再考』（平凡社，2000年）。マスメディアによってほとんど報道されることのなかった事件の細部を証言でつづり，その全貌と歴史的背景を探ることで「平和解決」の可能性を考えるのに重要な手掛かりを与えてくれる。

9 慟哭する「チャビン・デ・ワンタル」

　最後に太田はフジモリが未来の可能性を無惨に断ち切った軍事作戦を，ペルー古代文明の遺跡「チャビン・デ・ワンタル」と名付けたことを逆手にとって，この事件の根源に5世紀前の白人文明による先住民の征服と虐殺があることを思い起こさせる。繰り返されてきた「チャビン・デ・ワンタル」の悲劇，その登場人物はペルーの人々だけではない。メディアは「媒介」であって完全な外部ではないからだ。太田が「チャビン・デ・ワンタル」の慟哭を聞けと言うとき，そこには正確には，この5世紀の暴虐から利益を得てきた「先進国」に住む私たち自身がメディアを通して関わる（通してしか関わることのできない／通すことで関わることのできる）他者の出来事に対する自らの責任が問われている。

> **トライアル▷▷メディア・リテラシー**
>
> 　この著書で太田が批判した日本のマスメディアの報道姿勢は，残念ながら改善されるどころか，悪化の一途を辿っているように私には思える。最近の事例を任意に取り上げて，メディアの報道姿勢を検証してみよう。それと共に，私たちに読者や視聴者として求められているものはなにか，現在はやりの言葉で言えば「メディア・リテラシー＝メディアを読み解く能力」をどのように活用すべきなのか，も考えてみよう。

こんな本も読んでみよう　　　　　　　　　　　　　　　　（第3章）

1　カルチュラル・スタディーズとメディア研究の関係は深い：

A　メディアによる社会と身体の変容の歴史については――
- ▶吉見俊哉『「声」の資本主義――電話・ラジオ・蓄音機の社会史』（講談社選書メチエ，1995年）
- ▶大澤真幸『電子メディア論――身体のメディア的変容』（新曜社，1995年）
- ▶李孝徳『表象空間の近代――明治「日本」のメディア編制』（新曜社，1996年）

B　テレビや広告における生産と受容の力学については――
- ▶ジュディス・ウィリアムソン『広告の記号論』（柘植書房，1985年）
- ▶ジョン・フィスク『テレビジョンカルチャー』（梓出版社，1996年）
- ▶吉見俊哉編『メディア・スタディーズ』（せりか書房，2000年）

C　私たち自身のメディア・リテラシーのためには――
- ▶エドワード・サイード『イスラム報道――ニュースはいかにつくられるか』（みすず書房，1986年）
- ▶太田昌国『日本ナショナリズム解体新書』（現代企画室，2000年）
- ▶天野恵一『「日の丸・君が代」じかけの天皇制』（インパクト出版会，2001年）
- ▶鈴木みどり編『メディア・リテラシーの現在と未来』（世界思想社，2001年）

2　ラテンアメリカを身近なものにするために：

A　歴史と社会状況についてまず目を開いてから――
- ▶伊藤千尋『燃える中南米――特派員報告』（岩波新書，1988年）
- ▶清水透『エル・チチョンの怒り』（東京大学出版会，1988年）
- ▶染田秀藤編『ラテンアメリカ史――植民地時代の実像』（世界思想社，1989年）
- ▶『「コロンブス」と闘いつづける人々――インディオ・黒人・民衆の抵抗の五百年』（大村書店，1992年）
- ▶上谷博・石黒馨編『ラテンアメリカが語る近代――地域知の創造』（世界思想社，1998年）

B　さらに先住民の声に耳をすまそう――
- ▶サパティスタ民族解放軍『もう，たくさんだ！　メキシコ先住民蜂起の記録』（現代企画室，1995年）

- エリザベス・ブルゴス＝ドブレ『私の名はリゴベルタ・メンチュウ』（新潮社，1987年）
- 歴史的記憶の回復プロジェクト編『グアテマラ　虐殺の記憶――真実と和解を求めて』（岩波書店，2000年）

第4章
SF
―――電子的身体の政治学―――

Virtual reality is more real than reality.
（疑似現実は現実よりも現実的だ。）

小谷真理「ウサギをめぐる冒険」（『ハイパーヴォイス』ジャストシステム，1996年，238-259頁）を読む

1 ヴァーチャル・リアリティの「身体経験」

　SF＝science fiction，日本語で空想科学小説という。この日本語の名称からしてなにか矛盾していないだろうか？　そもそも自分勝手な妄想である「空想」と，実証と実験のくりかえしに基づく「科学」とは両立しないものではないのか？　さらにその2つと「小説」との関係は？　しかし，もし空想が「非現実」の想像であり，科学が「現実」の解明であり，「小説」が「非現実と現実」とを適度に混ぜ合わせた「表象」であるとするなら，SF＝空想科学小説ほど，私たちの生きている毎日を包括的に表現しようとする芸術実践もないのではないだろうか？　私たちは空想と科学のあわいを漂い，それを「現実」として受けとめて毎日を生きている。現実と夢の境界はそれほど自明ではないのである。

　「ヴァーチャル・リアリティ」という言葉がよく聞かれるようになってからそれほど年月が過ぎたわけではないだろう。コンピューター・ゲームやビデオ・CDをはじめとする再生技術の普及，あるいはゲームで遊んだ世代が戦闘機に乗り，コンピューター・スクリーンを見ながら軍事施設だけを「ピンポイント」に爆撃する（実際は多くの「誤爆」という予想された民間人虐殺があったわけだが）1991年の「湾岸戦争」（より正確には欧米諸国によるイラク制裁戦争），それをテレビの画面で見た私たち。戦争や暴力，そしてセックスさえも，自分たちの身体が直接関与しない，それゆえに欲望をもかきたてる「疑似的体験」となった。2001年9月11日に，2機の旅客機がニューヨークの世界貿易センタービルに突っ込む映像をテレビでくりかえし見せられた私たちは，誰もが「映画のようだ」「すでに何度も見た」と感じた。それを「人がたくさん死んでいるのに不謹慎な」と倫理的感情だけで非難しても，その現実に届くことはできない。時代がそうした倫理観が及ばないような感性を育て，表象が現実に先行するようになったのである。

　このような「疑似現実」の世界では，人間のもっとも基本的な感覚や欲望，身体性もが混乱し，あらたな限界と可能性が示唆される。この章で読

もうとする小谷真理の文章は，SFが描くヴァーチャルな世界の表象を通じて，現代に生きる私たち自身のジェンダー（社会的性役割）認識やセクシュアリティ（性欲，性活動）概念の変容に迫ろうとする異色の論考である。

2　コンピューター・ネット上の仮装／仮想

　小谷は，士郎正宗のSFコミック『攻殻機動隊』（講談社，1995年）で描かれたエピソードの紹介から始める。ある男性型サイボーグが，コンピューター・ネットにおけるレズビアンの性交現場にハッキング（侵入）して，その電子データをもとに，男性でありながら女性同士の（ヴァーチャルな）セックス体験をする。小谷によれば，この「自らの器官に存在しない器官の感覚を体験する」(239頁)逸話は，たんにインターネット・メディアのもたらす混乱状況を示すだけでなく，「社会における倫理という，法治国家に生きる者すべてに関わってくる素朴な議論から，男性ハッカーによる窃視症候群の謎，盗まれるべき対象の性的幻想の由来，その性的マイノリティ性，そして男性自身の女装趣味などが，幾重にも縺れあい絡まりあっている」(238頁)点で，電子的世界における電子的身体性と感覚のありかたへの問題提起となっているのだ。

　さらに興味深い例として，小谷が紹介するのは，ネットのなかの有名人「ジュリー」の話である。

　　彼女の手足は不自由だが，むろんネットのなかではそんなことは問題にならない。圧倒的パーソナリティで接触者を魅了する年配の女性ジュリーは，何年かののち，熱心な崇拝者が「現実の」ジュリーを訪問したことをきっかけに，ある中年の男性精神科医によってつくられた仮装／仮想人格だったことが判明する。(239頁)

ブック

「ジュリー」の話は，マイケル・ベネディクト編『サイバースペース』（NTTヒューマンインターフェース研究所・鈴木圭介・山田和子訳，NTT出版，1994年）の第6章，アルケール・ロザンヌ・ストーン「ヴァーチュアル文化の境界物語——創造神話からコンソール・カウボーイまで」に出てくる。

ジュリーと深い感情的つながりを覚えていた多くの女性が，この事件でまるで「レイプ」されたような苦しみを味わったという。この男性精神科医による「ジュリー」演技の動機は，「最初彼を女性だと誤解した女性の欲望そのままに応えていく」（240頁）電子空間内での会話の魅力にあった。それにしても，彼が「ジュリー」を「身体の不自由な女性」に設定したのはなぜか？　小谷は，「ジュリー」が「女性身体の体験を欠落させた女性」であることこそ，私たちにとって自明と思われていた身体性がネット上で消去され，性役割や性的欲望のありかたといった社会的約束事が想像空間のなかで消滅することで，新たな感覚と身体性が到来する契機である，ととらえる。

仮想世界とはつまるところ仮装世界なのだという前提はすでに了解済みだが，置き忘れられた肉体性を顧みることのないまま，ネット自体の自立性の問題として了解されているふしもある。かくして，現実の肉体は消去され，ネット内の仮装／仮想ジェンダーが果てしなく自走する瞬間が目撃されることになったのだ。（240頁）

仮のものでしかない想像（仮想）によって，自分以外のものに変装（仮装）するもうひとつ別の世界の開示。このような疑似体験による固有の身体感覚の問い直しは，すでにSF作家　柾悟郎が80年代後期の短編「風殻（ウインド・シェル）」で行っていたことだという。そこでは「盲目の少年に，視覚以外の感覚器官を総動員して，彼に疑似視覚を体感させようとする人格情報クローン体

が登場していた」(240頁)からだ。SFはこうして私たちが日常当たり前のものとして受けとめ意識さえしていない，感覚とそれをもたらす肉体との対応関係を錯綜させ，変革する。「現実体験」はすでに先験的に与えられた自明のものではないのだ。とすれば，そのような身体感覚の際たるものである，性の欲望や活動による自己の同一性，性的アイデンティティも当然揺らいでくるだろう。小谷はそのめざましい例として，女性SF・ファンタジイ作家メリッサ・スコットの『トラブルとその友人たち』という「レズビアン・ハッカーの物語」(241頁) を取り上げる。

ブック

「風殻」は柾悟郎『邪眼(イーヴル・アイズ)』(ハヤカワ文庫JA，1988年) 所収。
Melissa Scott, *Trouble and Her Friends* (New York : A Tor Book, 1994).
　この作品は1995年のラムダ文学大賞SF部門というゲイ・レズビアンが選ぶ年間最優秀作品賞に選ばれた。

3　性的マイノリティのヒロイン

　『トラブルと友人たち』は，伝説的な女性ハッカー「トラブル」をめぐる物語である。時は2084年，ハッカーたちの活躍した時代が終り，「合法的な」ネットは政府議会が介入し，規制する時代。かつて再三ネット内に侵入しながら決してつかまることのなかった天才ハッカー「トラブル」は死んだものと考えられていたが，ある日その名を使って警備会社から重要機密が盗まれる。警備会社のネット警備部門の責任者は，かつてトラブルとコンビを組み，恋人でもあったセリーズだ。トラブルは生きていたが，今回の事件の犯人ではない。こうしてトラブルが自分の名を騙(かた)るハッカーを追って，ふたたび非合法ネットの中に侵入し，さらにそれを警備会社の重役で暗黒街をしきるボスや，ヨーロッパ系インターポールの情報員，そしてセリーズが追跡するという展開となる。

しかしこの物語は，帰ってきた「善玉アウトロー」が新参者の「悪玉アウトロー」と闘うという見慣れた西部劇やサスペンス小説タイプのスリリングなプロットを辿らない。小谷によれば，その「スピード感の欠落した展開，偶然的要素とヒロインたち／クィーアたちの受け身の姿勢は，エンターテインメントを王道とするアクティヴなSF物語学からほど遠」く，「トラブルの歩む行程それ自体が，性的マイノリティ探求の歴史をダイレクトに隠喩化したものと思われる」のだ（243-44頁）。それはレズビアンというトラブルの性的アイデンティティが，SFの小説空間になんらかの変更をもたらしたからではないのか，と小谷は問いかける。こうして小谷は，セクシュアリティとSFの空間の関係の考察に入っていくのである。

キーワード9 ❖〈ジェンダーとセクシュアリティ〉••••••••••••••••

ジェンダーは社会的・文化的・歴史的に構築された性的差異を示す用語である。その意味でジェンダーは，生物学的なセックス（性）や身体的差異に基づく本質主義的な性的アイデンティティのとらえかたと一線を画する。

ジェンダーによる伝統的な識別は，男性と女性を男らしい性と女らしい性とに分割する。この結果，社会で確立された性的差異のステレオタイプ（男は肉体的に強く，労働やスポーツ，戦いに適した公共的性であり，女は肉体的に弱く受動的で母親として家庭での奉仕に適している，など）が，あたかも「自然に」与えられたものであるかのような通念が形成される。このような男性と女性の二項対立図式は，女性に対する男性の権威を強化するだけでなく，異性愛・異性への欲望（ヘテロセクシュアリティ）が自然な性的アイデンティティであるという規範を広めることになる。このような（とくに西欧的社会における）男女の二項対立に基づく，いわば「強制的な異性愛体制」が，家父長制的支配を支え，女性および男女の同性愛者（ゲイとレズビアン）に対する差別を生む源泉となっている。ジェンダーの視点を取る研究や分析は，このような二項対立の解体を目的とし，ジェンダーが社会的・文化的に構築されている以上，その変革も可能であるとの立場を取るという点で，カルチュラル・スタディーズにとって重要な問

題意識のひとつであり続けている。

　セクシュアリティは，セックス（男と女の物理的・生物学的差異と性的交渉の両方を意味する）およびジェンダーとは異なり，性的欲望や実践，あるいは性欲と関係する個人的・社会的側面やアイデンティティを示す用語であって，その意味するものは多岐にわたる。セクシュアリティという性的アイデンティティが，はたして自然に与えられた生物学的なものか，それとも社会的・文化的に構築されたものかが議論されてきた（たとえば，同性愛者は生まれたときから同性しか愛せないのか，それとも社会的要因でそうなるのか？など）。

　前者の「本質主義」的立場からすれば，セクシュアリティは変更不可能なもので，異性愛が規範とされる。またたとえセクシュアリティが生物学的にではなく，社会によって与えられたものだとしてもその改変を認めない立場からすれば，男性の攻撃的な「男らしい」性がやはり支配的規範として容認されることになるだろう。またこのような本質主義は，男性からの女性の自律を主張するフェミニストや，異性愛男性・女性双方からの差異を主張するレズビアンによっても依拠され得る。後者の「構築主義」的立場によれば，セクシュアリティは社会的に刻印されたふるまいの一部であり，両親の育て方，幼児期の遊び，学校教育，その他の文化様式によって形作られる。よってそこでは男女の表象に関わる社会的なさまざまなステレオタイプ，おもちゃから服装，スポーツのイメージやメディアの言語，法や宗教の約束事などが問題となる。このように男や女の性的活動全般に関するイデオロギーや社会的表象を問うゆえに，セクシュアリティもカルチュラル・スタディーズにとって必須の概念のひとつである。

4　SFの歴史とセクシュアリティ

　そこで小谷はまず，フェミニズム批評理論における西欧的な空間と女性性との関係をとりあげる。たとえばフェミニスト文学批評家アリス・ジャーディンによれば，西欧的な二項対立にもとづく言説においては，時間と空

間が男性と女性というジェンダーの区別と相互に関係して構築されており，歴史（history＝his story）も男性的言説にほかならない。また1990年に開かれたシンポジウムの成果を収めた『セクシュアリティと空間』という本には，「多くの映画や建築における空間の性的システム，その問題性の追及がそのままゲイ＆レズビアンのセクシュアリティのありか（の再発見）と直結していった過程を含んでいた」(245頁) ことが示されているという。

> ブック

『セクシュアリティと空間』Beatriz Colomina ed., *Sexuality and Space*, Princeton Papers on Architecture Series vol.1 (New York: Princeton Architectural Press, 1992).

さらにここで主題となっているSFとは，「スペースに関する豊饒なる物語性の歴史でもあった」(245頁)。SFの歴史をたどれば，それがいわゆる「宇宙空間」を示す地球の外の宇宙から，人間の意識の内部を宇宙とする転換にともなって，ジェンダーを問う物語に発展していったことが明らかになる。

60年代に展開されたニューウェーヴ運動のころ，ムーヴメントの推進者たちの提示した「外宇宙から内宇宙へ」という視点の転換は，それまでのSF観に提示された「空間(スペース)」があくまで物理的宇宙観であったことを暴いたし，と同時に「内宇宙」という人間の意識内部の宇宙観に関する視点への転換をもたらしたのだった。60年代の視点の転換は，宇宙が言語によって著された効果であることを追及し始める起点となったものだが，そうした内的（言語）世界自体の発見は，女性／男性といった性差に深く関わる内容なのであり，続く70年代こそは空間性とジェンダーの関連性を問う探求史を示していたのである。(245-46頁)

ここにあるのはSFを契機として,空間と性と言語との関係を根本的に問おうとする問題意識である。その意味でSFとは空想科学小説という俗名自体を超越するジャンルとして,「空想」＝人間の内的心理世界も,「科学」＝人間による外的物理世界の理解もともに,言語によって社会的に構築されたものであることを暴いてきたのだ。

　小谷によれば, 60年代以前のSFの宇宙観は,西欧的な「空間支配の政治学」(246頁)と結び付いており,未知の宇宙を植民地のように探索し,支配する二項対立的な物語の進行を基本としていた。だがニューウェーヴ以降,視点が人間内面の空間に及ぶようになると, SFの空間はジェンダー化され,「女性内部の宇宙と男性内部の宇宙のズレ」(246頁)が主題化され,多くの女性作家が登場して, SFを通じた歴史と宇宙の見直しが行われるようになる。

　そして80年代,ウィリアム・ギブスンの『ニューロマンサー』(1984年)が登場して,電脳宇宙(サイバースペース)という概念が提示され, SFは情報科学によって新たな空間性を切り開くようになる。そこではコンピューターやインターネットのような情報メディアが,人間の内と外を媒介するのだ。

　個人の内的世界と外的世界とをつなぐ媒体（メディア）自体が,情報を翻訳し蓄積していくという世界観。『ニューロマンサー』の続編『カウント・ゼロ』『モナリザ・オーヴァドライヴ』という〈スプロール〉三部作が進行するうちに,物語の中に描かれた各情報機関の集合体で形成されるグローバル・ネットは,それ自体の自律性を獲得し最終的に外宇宙をそっくり写しとった結果,宇宙航行すらが可能になる空間であることが明らかになる。現実世界と仮想現実世界との,鏡像であって鏡像でない世界像が提示される。(246-47頁)

> **ブック／フィルム**
> ウィリアム・ギブスン『ニューロマンサー』『カウント・ゼロ』『モナリザ・オーヴァドライヴ』（いずれも黒丸尚訳，ハヤカワ文庫SF）。
> 　現実がすべて仮想世界であるという発想で作られた最近のハリウッド映画に，ピーター・ウィアーの『トゥルーマン・ショー』（1998年）とウォシャウスキー兄弟の『マトリックス』（1999年）がある。前者は，自分の生まれ育った町が実は巨大なスタジオセットであり，カメラがつねに自分を撮影してテレビ番組の主人公に仕立てているという真実にしだいに気付いていく会社員の話。後者は，人々が見て体験している周囲の物質的現実が，すべての人につながれている巨大コンピューターが作り出すヴァーチャル・リアリティに過ぎず，接続を外されて目覚めて見る「本物の現実」は，世界戦争後の廃墟の眺めという設定。どちらも結構よくできていて楽しめる（とともに考えさせられる）。

　このように情報科学によって内的世界と外的世界との境界がかぎりなく曖昧なものにされてしまうことで，現実と幻想における性的力関係は混乱し始め，SFの電脳宇宙は，現実世界と仮想世界との往還関係をジェンダーとセクシュアリティという軸によって描く多重的な物語空間となるのである。そしてこうした問題を小谷はふたたび『トラブルと友人たち』を題材に検討する。

5　サイバースペースのアリス

　『トラブルとその友人たち』では，ルイス・キャロルのファンタジー小説『不思議の国のアリス』が，電脳空間の旅の重要な比喩として使われているとして，小谷は次の一節を引用する。

　アリスはウサギを追って穴に落ちて，サイバースペースに出る。データの列に沿って放り出され，目の後ろ側にだけ存在する夜の街／光の原っぱを横切って飛翔し〔中略〕アリスはデータの表面から表面へと動く。

行ってしまうとその後では痕跡も残らないひとつの影，一人の幽霊みたいに，ネットを歩きまわる。アリスは，目の後ろ側の暗闇のなかに，力を宿している。(248頁)

ブック

『不思議の国のアリス』は女性性や物語空間に関する多くの考察を生んでいるが，小谷も参考文献にあげている2冊，巽孝之『メタフィクションの謀略』(筑摩書房，1993年)と富島美子『女がうつる』(勁草書房，1993年)が圧倒的におもしろい。ルイス・キャロルの言語遊戯については，基本図書として高橋康也『ノンセンス大全』(晶文社，1980年)と種村季弘『ナンセンス詩人の肖像』(ちくま学芸文庫，1992年)が必読。

なぜ『不思議の国のアリス』なのか？ それはキャロルの描く世界が，言葉遊びによって風景(現実と仮想との境界が不分明になった世界)が自由自在に作り出されるヴァーチャル・リアリティであり，そこではウサギが懐中時計を持っていることに象徴されるように，時間の発見と空間支配の力学との関係が問われているからだ。小谷によれば，『トラブルとその友人たち』は「ニュー・トラブルというウサギを追いかけて，トラブルとセリーズが穴に飛び込んでいく物語」なのである。

アリス＝トラブルとセリーズが人騒がせなウサギ＝ニュー・トラブルを追い詰めていくと，そこで遭遇するのは現実と仮想世界双方にまたがって存在する「シーヘイヴン」という仮想現実(ヴァーチャル・タウン)の街なのである。完全なる架空の街でもなく，かといって現実世界そのままの地域でもない「シーヘイヴン」。その現実／仮想相互乗り入れの空間という陳腐な設定の「妙ちきりんさ」は，ある精神分析学的主題を彷彿とさせる。それが，通常，歴史的構築物でありながら現実的体験の産物とも信じられている女性主体や女性のセクシュアリティと呼ばれるものの，陳腐で奇妙な「設定」

なのである。(248-49頁)

ヴァーチャル・リアリティとしての女性のセクシュアリティ。この観点を介して,「アリス」と「トラブル」とのつながりを考えるとき,決定的に重要なのは,ふたつがともに見る・見られるという関係性において,女性性と仮想空間との結びつきを重視しているという点だ。アリスは不思議の国を旅しながら,しだいにウサギを追いかけるという目的を喪失して,ついには不思議の国に同化してしまい,最後に「不思議の国がアリスの『夢』として見られるものであったこと,すなわちアリス自体が『見られる』対象へと変貌」(249頁)する。それを精神分析的に言えば,「見る」／「見られる」という主体と客体の二項対立の混乱に投げ込まれた女性が,「パラノイア的な（母親とのナルシシズム的な過剰同一化）状態」(249頁)に置かれ,母親や女性性器に象徴される空間性にとりこまれていく過程でもある。それは近代産業社会をささえた女性の家庭内への囲い込みと,建築物のなかの空間が「穴」や「子宮」といった女性的空間とされるプロセスと連動によって,「見られている」女性の身体がセクシュアリティとして表されることでもあるという。

> 子宮空洞説という女性性固着のメカニズムにより,空間は女性化し,アリスは子宮内部・母親内部の鏡像段階,前エディプス状態へまっしぐらに突き進み,見ると同時に見られる（監視される）身体性として,セクシュアリティそのものを表象し始める。(250頁)

しかし『トラブルとその友人たち』が特異なのは,そこで「見られる」女性の身体性が,レズビアン・セクシュアリティであるという点にある。それは「あたかも,レズビアン・セクシュアリティなるものが,サイバースペースに固着され,自らを見ると同時に見られるというスペクタクルとして与えられることそれ自体を期待され」(250頁)ながら,読者として見る者に満足を与えることもなく,アリスのように主客の混乱のうちに,仮

想空間にしばられたセクシュアリティを示すこともない。トラブルとセリーズが最後に勝利をおさめるサイバースペースにおいては，彼女たちのセクシュアリティと支配的な空間性とが，伝統的な連関を提示しないからである。ここに「レズビアン小説」としての画期的な意味があると小谷は読み解いていこうとする。

6　ヴァーチャル・セックスとしてのレズビアニズム

『トラブルとその友人たち』には異性愛的人物は登場せず，中心になるのは同性の恋人たちやクィーア（同性愛者）である。そのなかでも小谷が注目するのは，セリーズと彼女がネットのなかで出会ったシルクという少女のヴァーチャル・セックスだ。

> ウサギに誘い込まれるアリスのように，ネット内の小さな隙間に誘い込まれたセリーズは，身体なきサイバースペースの中で，脳に直結したネット接続装置「ブレーンストーム」を通じて，直接脳内に性的快楽を与えられる。それは乳房と股間に与えられた快楽の感覚として認識される。しかし，セリーズがオーガズムを認知するや否や，シルクも小部屋も幻のように消え，サイバースペースのデータの波間に立ちすくむセリーズのハンドルだけが残るのであった。(251-52頁)

ヴァーチャルな仮想空間におけるヴァーチャルな仮想レズビアン・セックス行為。ここには「レズビアニズム」という名称がそもそも孕んでいる男性による性的幻想（古代ギリシャのレスボス島に同性愛にふける女たちだけが住んでいたという伝説からこの名称は生まれた）への問いかけが含まれていないだろうか？　というのもシルクの正体は，「少女の仮面をつけたニュー・トラブルであり，シーヘイヴンを掌握するサイボーグ・メイヤーの愛人の少年」(252頁)だからだ。サイバースペースにおいて，かぎりなく曖昧になるジェンダーの境界，異性愛・同性愛の識別，そしてレズビア

ニズムの定義。レズビアン・セクシュアリティとはいったい何なのか？

「レズビアニズム」のとらえがたさを示すひとつのエピソードとして小谷は，もともと女装しない同性愛者だった役者である男性が，舞台の延長として私生活においても女装を試みたところ，同僚の女性に性的欲望を感じるようになったという話を紹介する。同性愛者である彼は，それを異性愛と考えることはできず，自分を「トランスセクシュアル・レズビアン」としてアイデンティファイするようになったというのだ。

『トラブルとその友人たち』のなかでも，サイバースペース上でのセリーズとシルクとの情事と，現実空間でのセリーズとトラブルとの性交とがせめぎあうなか，女装者を交えた性行為と女性同性愛者の性的欲望とが同時に問い直されていく。仮装による仮想空間の創出は，女性のセクシュアリティの根幹に迫る問いを提起する。つまりこの物語において，

> サイバースペースは，女性性というより〔中略〕とくにレズビアン・セクシュアリティへの固着（とスペクタクル）を目論む装置として登場している。従ってそれは，外部情報と内的世界の折衷という性質上，女性同性愛者にとっての「レズビアン・セクシュアリティ」が，西欧二項対立世界の歴史的抑圧性を刷り込まれた疑似体験をなぞりつつ同時に女性同性愛者らの内的世界とも屈折しながら連関していることを浮き彫りにする。(254頁)

仮想／仮装の電脳空間における電子的身体の欲望の探求が，現実におけるセクシュアリティや性的幻想を支える性的支配構造やジェンダー差別を暴きだす。SFによる「空想科学」の可能性は，サイバースペースを経ることによって，思いもかけぬ欲望の政治学へと私たちを導くのである。

7　サイバースペースと「文化感染」したセクシュアリティ

小谷は『トラブルとその友人たち』のテーマを次のようにまとめる。

『トラブルとその友人たち』は，ひとまず，レズビアン・セクシュアリティを抑圧する性的システムこそが，空間性／女性性／幻想性／視覚といった二項対立的装置と関わっていたことをレズビアン・ハッカー自身の手によって暴くプロセスを描いていると言えるかもしれない。そこで描かれているのは，サイバースペースそのものがどのような機能を持つものかということではなく，現実／仮想というシステムがどのように性的システムを隠蔽しているか／顕現することになるかを発見する，そのいきさつとサイバースペースとの関わりだと言っていいかもしれない。（255頁）

このようなセクシュアリティを介した空間の政治学の問い直しは，しかし，小谷によれば，「レズビアン・セクシュアリティそのものの発見」という一種の本質主義に行きつくことなく，現代のメディア・ネット文化におけるコピーやシュミレーションという問題が，性愛という人間の根本的衝動にまで及んでいることを示す「文化感染」への問題提起ともなる。小説中ではセリーズがネット上でシルクとヴァーチャルな性行為に及ぶことによって，トラブルとセリーズも現実世界で同性愛関係を回復することができる。

　現実が仮想をシミュレート（模写）し，コンピューター・ネットワークがウィルスに感染するように，レズビアン・セクシュアリティも文化的力関係のなかで「受動的に」獲得されるのではないか。『トラブルとその友人たち』の「いごこちの悪さ」「歯切れの悪さ」「スピード感の欠如」は，そのような「受動的な歩み」をわざわざ維持することで，レズビアン・セクシュアリティと文化的なシミュレーション（感染）との連関を問う。そのようなスムーズでない物語によって提起されるのは，「そもそも『電脳空間』とはその内部に高度に制御された『性的空間（ジェンダースペース）』を刷り込んで構築されてきたのではなかったか」（256頁）という問題だ。

　かくしてSFの読解を通じて開示される新たな空間の物語学は，電子的に構築された身体性やセクシュアリティも，ジェンダーを含む文化の政治的

力学の域内にあり，また同時にそのような力学自体を問い直す可能性を孕んでいるということを示している。

トライアル▷▷ SFとセクシュアリティ

　小谷のこの論考は，SFによって開拓されたサイバースペースという新たな空間の限界と可能性を，女性のセクシュアリティの描かれ方を軸に問おうとする試みである。そこでは伝統的な西欧の二項対立概念（男／女，異性愛／同性愛，見る／見られる，現実／幻想など）が，二項対立の前者の項が後者を支配するかたちで機能することで，物語の空間が構築されてきたことが，新たなサイバースペースの創造と未知の身体性の獲得を通じて暴かれる。だがそれが二項対立自体の解体をめざすかぎり，後者の被支配項を逆転によって支配項に転じることによる解決はあり得ない。たとえばレズビアニズムとシミュレーションとの関係を問題にする小谷の姿勢も，そのような本質主義的解決への疑問から発していると考えることができるかもしれない。その意味でSFに対して小谷が注ぐ愛情と読解の熱意とは，「空想科学小説」がその時々の文化的力関係の産物であるという認識と，それが持つ現実への介入の可能性への展望に裏打ちされたものと言えるだろう。

　それらを参考に最近のSFから自由に作品をひとつ選んでそのなかのセクシュアリティの描かれ方に注目することで，どのような物語の空間が構築され，新たな身体性が開示されているかを考えてみよう。

こんな本も読んでみよう　　　　　　　　　　　　　　　　（第 4 章）

1　SF といっても多すぎて何から読もうか，という人のために：

A　まず便利な SF ガイドと楽しめる研究書には──
- ▶早川書房編集部編『SF ハンドブック』（ハヤカワ文庫，1990年）
- ▶巽孝之『現代 SF のレトリック』（岩波書店，1992年）
- ▶小谷真理『ファンタジーの冒険』（ちくま新書，1998年）

B　絶対に失望しない古典的オススメ作品 5 冊と便利な傑作集──
- ▶アーサー・C・クラーク『地球幼年期の終り』（ハヤカワ文庫，1969年）
- ▶アーシュラ・K・ル・グィン『闇の左手』（ハヤカワ文庫，1978年）
- ▶ロバート・A・ハインライン『夏への扉』（ハヤカワ文庫，1979年）
- ▶ダニエル・キイス『アルジャーノンに花束を』（早川書房　ダニエル・キイス文庫，1999年）
- ▶フィリップ・K・ディック『パーマー・エルドリッチの三つの聖痕』（ハヤカワ文庫，1984年）
- ▶中村融・山岸真編『二十世紀SF』全6巻（河出文庫，2001年）

2　身体論や視線の権力性の問題は，表象の分野できわめて重要で：

A　芸術におけるこのような力学に敏感な理論書として──
- ▶若桑みどり『戦争がつくる女性像』（筑摩書房，1995年）
- ▶グリゼルダ・ポロック『視線と差異』（新水社，1998年）
- ▶熊倉敬聡・千野香織編『女？　日本？　美？──新たなジェンダー批評に向けて』（慶應義塾大学出版会，1999年）
- ▶栗原彬・佐藤学編『越境する知1　身体：よみがえる』（東京大学出版会，2000年）

B　より具体的な作品群を論じた批評書には──
- ▶鴻英良『二十世紀劇場──歴史としての芸術と世界』（毎日新聞社，1998年）
- ▶北原恵『アート・アクティヴィズム』（インパクト出版会，1999年）

第 5 章

都市
──消費する／される人間──

Discover Japan.
（日本を発見しよう。）

吉見俊哉「博覧会と文化の政治学」（『博覧会の政治学──まなざしの近代』中公新書，1992年，258-77頁）を読む

1 都市生活者のまなざし

　私が学生の頃だから，もう4半世紀も昔，1970年代初頭に，その頃はまだ国営だった鉄道の旅行キャンペーンに使われた一句に，「ディスカバー・ジャパン」というのがあった。今ほどまだ海外旅行が身近ではなかった時代に，日本における大量消費時代と中産階級のレジャーブームの出現に合わせて，まず日本国内から「消え行く日本の田舎」や「古き良き日本の情景」を見直そうという，新たに余暇と金銭を獲得しつつあった階層の人々の欲望に訴える宣伝文句だった。私もそれに釣られて，学生用の安い周遊切符を手に入れ，テントをかついで鈍行列車を乗り継ぎ，日本中を旅して回った（北海道や四国や小笠原はもとより，1972年に「日本本土に復帰」した沖縄も，船で行った時代である）。

　今となってはそのような「発見されるべき日本」も名実共に消滅してしまい，どこに行っても同じコンビニエンスストアとコンクリートの護岸壁ばかりになってしまったのかもしれない。余暇のある若者は「がんばれニッポン」の掛け声に乗って，テレビのスポーツ観戦に夢中になるのが主流らしいが，「貧しき旅人」を気取っていた私自身も本当に貧しかった筈はなく，故郷を喪失した都市生活者として「純粋な田舎」に憧れていたにすぎない。

　そもそも問われるべきなのは，そのように「発見」を行う自分の主体と「発見される」他者との関係であり，そのような関係を支える社会的・経済的・政治的利害のありようである。そのことを考える手掛かりとなるのが，近代・資本主義・消費社会といった鍵概念であり，重要なことはそれらがいずれも〈都市〉というトポス（場所にして主題）で展開してきたという事実である。「ディスカバー・ジャパン」も都市からそれ以外の場所へと向けた「まなざし」であることによって，私のような消費者の歓心をそそったのだ。

2　近代のまなざし

　上で述べた都市生活者から見た他者へのまなざし，それが結実した催しのひとつが博覧会である。私自身も「日本と世界（再）発見」の衝動に動かされ，当時の世界の技術・芸術・学術の粋を結集したと喧伝された1970年の大阪万国博覧会に通い詰め，全展示館を踏破した（といっても展示を見物するよりはスタンプを集めるという証拠収集のほうが大事だったが）。

　この章で取り上げるのは，吉見俊哉の『博覧会の政治学』の終章で，ここに本全体の内容が簡潔に整理されている。吉見は「大航海時代に誕生したひとつのまなざし」が学問的知における「まなざされる世界の再構成」と，「都市のより大衆的で娯楽的な社会領域」での「われわれの日常の生活世界の存立基盤そのものを再編成」することによって，「自己」という「まなざす主体」と，「まなざされる他者」とが峻別されていったと言う。（258頁）

　博覧会こそは，「このような近代の規律・訓練的なまなざしの娯楽的な日常生活領域への浸透」（258頁）を明瞭に示している。その発展の歴史は近代・資本主義・消費社会という都市生活者の意識と身体を支配する力学によって支えられてきたのである。

　　博覧会は，大航海時代から博物学の時代への発展，そして動植物園や標本陳列館の体系化と公開化といった流れを受けながら，ヨーロッパの諸国家が，博物学的なまなざしの場を新しい資本主義のイデオロギー装置としてみずから演出していこうとするようになったときに登場した。したがって，博覧会という空間の「系譜学」を辿っていくならば，まなざしの制度としての〈近代〉が，一方では，国家や企業や社会諸組織のいかなる演出意図と結びつき，他方では，これに集まる人々のどのような身体感覚において受容されていったのかが明らかとなろう。またひいては，博覧会を典型として示されるまなざしの場が，どのようにして都市の日常領域に浸透していったのかも明らかになるのではないか。

　　　　　　　　　　　　　　　　　　　　　　　　　　（258-59頁）

このような問題関心に基づいて，博覧会や展示即売会はもとより百貨店やフェスティヴァル，国際スポーツ競技会などといった，都市における博覧会的装置を通じた国民の主体形成を考えるとき，著者は帝国主義，消費社会，大衆娯楽という3つのテーマを設定する。

> **ノート** 〈演劇としての博覧会〉
>
> 　上の引用で吉見が「演出」「身体感覚」といった演劇的語彙を用いていることに注目しよう。つまり著者は博覧会に代表させた近代国民国家のイデオロギー装置の働きを演劇的しかけとしてとらえており，そこには国家による一方的強制と民衆による一面的受容というよりは，演劇的な相互交渉に基づく主体構築の在り方が含意されている。こうした都市生活者の意識・身体形成に対する理解——「上演論的パースペクティヴ」——は，吉見に一貫した考え方である。この点についてはとくに彼の最初の著作，『都市のドラマトゥルギー——東京・盛り場の社会史』（弘文堂，1987年），序章と結章を参照してほしい。

3　帝国主義の祭典

　博覧会とは，「万国博覧会」という名称が示しているように，以下の3つの現象の兆候となっている。つまり，近代国民国家の成立（ある地域に属している住民が同時に，というよりも第一義的に，ある同質の時間——文化や言語や歴史——を共有する国民の一部とされ，自らもそう認識すること）と，その政治・経済・社会機構を支える資本主義的産業の勃興（他者・他地域・他国の収奪を旨とした自己の発展と富裕化），そして産業の発展に応じた支配する国と支配される国との峻別（「万国」とは少数の過剰開発国が多数の低開発国を陳列・展示してその差異を自他に知らしめる「多文化主義」を表す名称ではないか）。日本の明治期におけるスローガン，「脱亜入欧・殖産興業・尊皇攘夷」もこうした現象に対応する。

この著書ではそうした「『帝国』という枠組みのなかでの『産業』のディスプレイ」(259頁)としての博覧会の様相が歴史的に検証される。たとえばロンドンの「水晶宮(クリスタルパレス)」の「鉄とガラスの均質空間が，ヨーロッパの植民地支配を前提に発展してくる温室と共通の社会—技術的基盤の上に成立したものであること」，あるいはまた，「18世紀以降，欧米の大都市に増殖していく娯楽装置の多くが，拡がる世界を俯瞰していこうとする同時代の大衆的欲望に根ざしたものであったこと」，さらには「一連のパリ万博が提供していったのが，まさしく手軽な世界観光の経験であったこと，同様の経験の場は，やがて欧米の諸都市に広く拡散していったこと」が指摘され，そこには帝国主義のプロパガンダに不可欠の「社会進化論的イデオロギー」が浸透していたことが認められる(259-60頁)。むろんこのような帝国主義的まなざしを具現し，疑似的に体験することを可能にする博覧会的装置は，ヨーロッパの植民地主義支配に限られた話ではなく，私たちの日本という国の歴史の中でも模倣されてきたし，現在でも観光旅行ブームや各地のテーマパーク建設，さらにはテレビのコマーシャルやファッション雑誌の広告などをも支えている。

　吉見はそのような後発帝国主義国としての日本における展覧会の機能を「両義的」なものとしてとらえる。

　「日本」の万国博への登場の仕方そのものが，この遙かなる極東の国の住民を欧米人の好奇のまなざしのもとに展覧させ，客対化させていく過程であった〔中略〕。だが，それはまたこの国の人々が，欧米の世界を俯瞰するまなざしを，逆にその周縁部からまなざし，熱烈に摂取していこうとする過程でもあった。こうして日本は，欧米の万国博に出展するときには伝統工芸とジャポニズムの国，つまりは非近代の国を装い，国内や植民地の博覧会においては「欧米列強」と同等の近代国家としてふるまっていくという，二重の自己を身につけていったのだ。(260頁)

　そしてこのような過剰開発国による低開発国の搾取を前提にした2者の

差異の境界引きという実態は，現代の産業資本構造における都市の「祭り」——万博，オリンピック，ワールドカップ，トレードフェア等——においても本質的には変わらないのである。

キーワード10 ❈〈自己の二重性〉

　吉見の指摘する「二重の自己」という概念は，社会における主体構築のあり方を考えるのに重要な視点のひとつである。私たちが様々な社会的力関係のなかで，「大人」として，「市民」として，「国民」として，「女／男性」として，（その他もろもろの）自分のアイデンティティを築こうとするとき，それまで自分が置かれてきた環境から受けた影響や教育に根差しながら，同時に新たな状況に則した変革を模索して，自己をつくりかえようとする。しかしその過程で種々のアンビヴァレンスに悩み，矛盾した諸力に引き裂かれることは避けられない。

　たとえばそれが，日本の近代国家としてのありようを考えるときも，はずせない観点となる。「アジアの一員」としての伝統の強調と「欧米の友邦」としての発展の重視という二面性は，「日本特殊性論」として，「脱亜入欧」から「大東亜共栄圏」，「五族協和」から「単一民族国家論」まで，繰り返し形を変えながら表明されてきた。このような日本人の心根の根本に関わる二重性は，現在私たちの日常意識に深く住みついている。一方で「西洋的な」消費財や価値観に囲まれながら，「日本的な」文化伝統への憧れにも取りつかれる，といった形で。さらに問題なのは，それが「ほかのアジア諸国と違って日本だけが先んじて西洋の価値観を取り入れ，おかげで発展してきた」などといった，自分たちを特殊な国民であるかのように見なす風潮と結びついていることではないだろうか。主体の構築が，他者による影響なしには成しえないことを考えれば，このような「特殊性論」は，自己の二重性がはらむ問題から目を逸らせ，ひいては歴史における責任のありようをぼかす役割をも果たしかねない。

4　消費文化の広告塔

　博覧会が成立するためには，自分の地域の生産物ではなく世界の各地域から集められた（ないしはそうした幻想を与える）商品を見物・購買・消費する都市的人間が動員されなくてはならない。よってそのような欲望は，やがて百貨店や広告メディアを媒介とする日常的な消費形式へと必然的に変成・拡散されていく。ロンドン，パリ，フィラデルフィア，シカゴ，東京といった都市における万博や勧業博が，19世紀以降の都市住民の商品世界との出会いの頻度・質量における飛躍的な拡大をもたらしたのもそうした事情による。吉見は「博覧会的なまなざしの場が，消費社会的なリアリティと深く結びつくようになっていく」（261頁）経路を百貨店の発展だけでなく，「電鉄，新聞社といったモノ・ヒト・コトバの流通を媒介していく広義の文化産業」の展開や，インダストリアル・デザインや映像技術の表象的支援のうちに見る。博覧会とは，人々の欲望を生産し流通するという，資本主義社会における広告の役割を，もっとも大規模で効果的な形で展開する装置なのである。

> **トライアル▷▷博覧会と知識人の役割**
>
> 　日本の都市消費文化が現代的に展開する分岐点を成す1964年の東京オリンピックと，1970年の大阪万博について，メディアや芸術家，知識人といった文化産業の推進者たちの役割について調べてみよう。
> 　そのうえでより最近の沖縄海洋博や長野オリンピックのような「博覧会的なまなざしの場」がどのような消費の欲望をかきたてる装置となっていたのか考えてみよう。

5　大衆娯楽的なスペクタクル

　博覧会の大衆性は都市における見世物文化の変容と密接に関わっている。どの都市の万博も娯楽・見世物的要素を強化することによって，帝国主義

イデオロギーと消費欲望を介した参加を，観客として主体化された人々に促していった。地域社会における伝統的な祭礼が衰退し，そこから切り離された都市生活者のために新しい祭典が企画され，さまざまな情報科学技術の応援を得て，一過性のイベントが演出されていく。

かくして博覧会は政治的・イデオロギー的な文化の場として，特定の言説と空間を通じて，大衆意識を操作する政治的役割をも担うようになった。そこでは「階級」「人種」「ジェンダー」といったカテゴリーを横断して「幻想の共同空間が創出されていく」（263頁）のであり，近代国民国家における人々の自己が確立していく場を提供していたと言えるのである。

6 革命から消費へ

このように吉見は，博覧会に代表される文化の装置が，人々の意識と身体を構成する仕方を執拗に探求する。吉見の表現にくりかえし登場するように，その仕方は演劇的であり，自己が他者に呼応して相互的に変容することが可能となっている。

> 博覧会とこれに動員されていく大衆の関係を考察することから見えてくるのは，文化的な制度としての〈近代〉が，人々のアイデンティティをどのようにつくり変えていったのか，また人々は，その身体的な感覚と記憶を通して，こうした制度の作用にどう対応し，反発し，服従していったのかということであるように思われる。（264頁）

よって博覧会の最盛期はどの都市においても，資本主義による大量消費文化の開花期にあたる。「博覧会は革命する群衆を消費する大衆に変容させる」（265頁）。ここでも経済・政治・社会は文化の編成と相互に密接に結びついており，近代の帝国主義や資本主義や大衆娯楽に代表されるそれぞれの領域における力関係のありようが，変数として作用しているのである。

7 権力作用のミクロな考察

　吉見は，博覧会によって具現された近代都市住民のアイデンティティ構築過程が，人々の自由な創意に基づく技術や企画の発展とも，あるいは国家や企業による一方的な大衆操作とも一概には言えないことを強調する。吉見がここで参照するのは，近代社会における権力の働きを，単に一方的な力の行使としてとらえずに，むしろそれぞれの場でミクロな形で多様に働く力関係に注目したミシェル・フーコーの理論である（ミシェル・フーコー『知への意志——性の歴史I』渡辺守章訳，新潮社，1986年，119-32頁）。フーコーの「権力の技術論」における定義によれば，権力とは，

　　特定の国家において国民の帰属や服従を保証する機関の総称でも，特定の支配集団による社会全域に対する影響力のことでもない。それはむしろ，「無数の力関係であり，それらが行使される領域に内在的」であるような作用の総体である。それは，「あらゆる瞬間に，あらゆる地点で，というかむしろ，ひとつの点から他の点への関係のあるところならどこにでも発生する」のであり，結局のところ「特定の社会において，錯綜した戦略的状況に与えられる名称なのである」。(266頁)（「　」内はフーコーからの引用）

　ここで重要なことは，第1に，権力を特定の集団が占有する静的な特権のようなものとしてとらえてはならないということ，第2に，それは一方的ではなく相互的な無数の網の目から成る関係であること，第3に，それが関係であるからには，ある場の時間や空間のありかた，言説の編成のされかたによって様々に可変的に作用し得るものであること，第4に，そのような変化する関係をとらえるには，支配集団が被支配集団に強制した結果や効果を一枚岩的に判断するのではなく，相互の運動とその構造をミクロに分析する視点が必要になるということ，である。それに従って吉見も博覧会について，次のように述べている。

監獄や学校，教会の聴聞台などと同様，博覧会もまた，微視的権力が作動し，主体を構制していく場としてあるとするならば，最終的に問われなければならないのは，国家や企業が博覧会において，いかに帝国主義や消費のイデオロギーを大衆に押しつけていったかということではなく，博覧会という場が，その言説—空間的な構成において，そこに蝟集した人々の世界にかかわる仕方をどう構造化していったのかということである。つまり，国家や企業が博覧会に求めていく政治的な効果ではなく，博覧会が，その構成において作動させていく権力の微分的な作用こそが問われなければならないのである。(266-67頁)

したがって著者はここでの問いの対象を,「博覧会という社会的テクストが上演されていく際の，このテクストと読者としての観客の間に作動する政治的な関係」(267頁) である，と明示してふたたび演劇的で相互変成的な作用を強調する。

8 象徴から記号へ

博覧会が演劇的な相互作用の空間であるとすれば，それと他の社会的儀礼や象徴作用との関係が吟味されなくてはならない。そこでクリフォード・ギアーツなどの，象徴儀礼としての政治権力作用を分析する「劇場的権力」概念が検討されるのだが，吉見によれば，19世紀以来，博覧会で作動してきた権力は，意味作用の多義性を孕んだ儀礼や象徴というより，「記号」という意味の差が歴然と境界分けされるようなシステムによって機能しているという (クリフォード・ギアーツ『ヌガラ』小泉潤二訳，みすず書房，1989年)。

博覧会に展示された諸存在は，そのメタフォリカルな意味の厚みを失って，差異性と同一性の格子から成る〈表〉(タブロー)のなかに配列されている。博覧会という空間の力は，たとえばゴシックの大聖堂のように象徴を荘厳

第5章　都市

化していくことでもたらされるのではなく，こうした差異性と同一性の格子を次々に変化させながら開示していく，その壮大さと素早さに由来している。(271-72頁)

ここに，あらゆる感覚の中で，まなざし（視覚）だけを特権化する近代の見世物的権力場——博覧会，動物園，植物園，博物館，美術館，展覧会，見本市，百貨店，ショッピングモール，広告——の編成の特徴がある，というのである。

9　オリンピック——スポーツの万国博

　最後に著者は，このような諸々のスペクタクルについての権力作用の研究，その社会的・政治的意味の探求が様々な領域で展開される必要を強調しつつ，万国博覧会とオリンピックとの「構造的な同型性」を指摘する。つまり万国博が「産業のオリンピック」であるとするなら，オリンピックは「スポーツの万国博」(273頁）なのだ。

万国博で世界各国の産業・工芸技術の水準が展示されていったのと同じように，オリンピックでは，こうした各国の運動技術の水準が展示されていく。スポーツという観念がまとう祭儀性のヴェールを剝がして考えるなら，オリンピックとは，何よりもそうしたディスプレイの空間なのである。(273頁)

　そのことは万国博からオリンピックへと取り入れられていった要素，つまり国民国家賞揚の儀礼や帝国主義的序列がスポーツ大会に浸透していく初期の歴史から，スペクタクルが観衆の中心的関心となるにしたがって，しだいにオリンピックが万国博に対して消費文化的見世物として優位に立っていく経緯によっても示される。そのような「産業的技能から運動的技能への焦点の移行」(275頁）に重要な役割を果たしたのが，テレビの中継放

送や記録映画などの20世紀の情報メディアの発達であった。「メディアの複製能力こそが、万国博をはるかに凌駕する現代のスペクタクルに、オリンピックが押し上げられていくことを可能にした」(275頁) という著者のコメントは、「感動をありがとう」とか「日の丸軍団登場」などといった言い方がくりかえされる国際的スポーツイベントのテレビ放送に熱中する私たち自身の姿をも映し出すだろう。

オリンピックの影響に示されるような「スペクタクルの優越」を吉見は「近代特有の特徴」(276頁) と考えるが、20世紀はそれがマスメディアによってさらに増幅された、というのだ。

> 近代社会は、場所的に閉じられた社会を越えて拡がる無限の空間のなかに諸存在を抽出し、流通させてきた。このような拡がりを可能にし、またそれに促されてもいったのが、世界をディスプレイされる記号の秩序として眺めていくまなざしである。こうした社会の機制そのものは、基本的には近代を通じて変わっていない。ところが二〇世紀は、この近代のまなざしの場をメディアに代補させることで、地球規模のメディア・スペクタクルの時代を出現させていったのである。(276-77頁)

前章でも考えたように、私たちの身の回りのメディア状況は深刻な状態にあり、文化の一部を構築するスペクタクル的な力関係は、ますます他者を排除する帝国主義イデオロギーと、自己の欲得だけを追求する資本主義的消費文化に支配されつつあるように思われる。しかし吉見が繰り返し強調するように、「スペクタクル的な権力の展開」は、「この権力が作動する場を生き、ときにはこれを変形させてもいった人々との弁証法的な関係のなかで、より緻密に読み取」らなくてはなるまい (277頁)。私たちの日常のありかたにしろ、都市生活者としての生産・消費行動にしろ、そのときどきの政治・文化状況のなかで、それらを「地域的レベルから国際的レベルまでを含んだ重層性において」(277頁) 見ることによって、スペクタクル的な権力の作用をより相互変容的なものとしてとらえることができるよ

うになるだろう。「失われつつある日本を発見」しようとした学生時代の私自身のまなざしも、おそらくそのような複雑に絡み合い、重なり合った次元で考察されてこそ、ある特定の時代と場所におけるアイデンティティ構成の事例として、単なる「自分探しの旅」という普遍的ノスタルジアを超えた理論的仮説への手掛かりとなるのではないだろうか。

トライアル▷▷消費文化の研究

吉見が近代国民国家に帰属する者のアイデンティティを構築する場として考察した博覧会、それを支えた帝国主義、資本主義的消費文化、大衆的娯楽というイデオロギー的柱。このような視点を都市文化の他の場所にも適用して、あなた独自のカルチュラル・スタディーズを具体的な事例(特定の場所)に的を絞って展開してみよう。

たとえば(間口を思い切り広げてみると)、運動会やスポーツ競技、美術館や博物館、動物園や植物園、ラジオ・テレビに代表される電波産業、とくにテレビの連続ドラマや歴史物、アニメやマンガ本の発展、広告のデザインやキャッチコピー、ファミリーレストランやテイクアウトのような外食産業、ディズニーランドに代表される遊園地やテーマパーク、クラシックからジャズ、ポップスにいたる様々なジャンルの「西洋音楽」の輸入と受容、学校における様々なコンクールや名誉獲得競争、ダムや道路建設のような巨大公共事業、食料品の生産と流通、とくに主食や贅沢品あるいは菓子・清涼飲料などの自給や輸入、都市の公共交通機関の発達と衰退、インターネットのような電子情報ツール、パック旅行を含む様々な形態の余暇の過ごし方、腕時計からウォークマン・携帯電話にいたる情報機器、予備校や塾などの受験産業、初詣から「国民の祝日」にいたる季節儀礼や地域の祭礼、皇族への関心やタブー、伝統芸能の継承と刷新、新劇から小劇場にいたる現代演劇の系譜、反戦運動や反核市民運動、環境保全運動などの系譜と現状、などなど…「日本」におけるカルチュラル・スタディーズの題材は、あなたの介入を待っているのだ。

| こんな本も読んでみよう | （第 5 章）

1 近代と「まなざす権力／支配する知識」との関係について：

A ミシェル・フーコーの著作を仲立ちとして──
- フーコー『監獄の誕生──監視と処罰』（新潮社，1977年）
- フーコー『性の歴史Ⅰ──知への意志』（新潮社，1986年）

B ヨーロッパの消費文化の興隆とそのアメリカ化については──
- ジェレミー・ブレッカー，ティム・コステロ『世界をとりもどせ──グローバル企業を包囲する9章』（インパクト出版会，1999年）
- ジョージ・リッツア『マクドナルド化する社会』（早稲田大学出版部，1999年）
- ナオミ・クライン『ブランドなんか，いらない──搾取で巨大化する大企業の非情』（はまの出版，2001年）

C 都市の日常生活を歴史の断片として見直す──
- ミシェル・ド・セルトー『日常的実践のポイエティーク』（国文社，1987年）
- ピエール・ブルデュー『ディスタンクシオン──社会的判断力批判（I，II）』（藤原書店，1990年）
- 多木浩二『都市の政治学』（岩波新書，1994年）
- アルベルト・メルッチ『現在に生きる遊牧民（ノマド）──新しい公共空間の創出に向けて』（岩波書店，1997年）
- ルネ・シェレール『歓待のユートピア』（現代企画室，1996年）
- 金子淳『博物館の政治学』（青弓社，2001年）

D 文化人類学への／からの介入の試みとして──
- ジョージ・マーカス，マイケル・フィッシャー『文化批判としての人類学』（紀伊國屋書店，1989年）
- ジェイムズ・クリフォード，ジョージ・マーカス編『文化を書く』（紀伊國屋書店，1996年）
- 「特集 文化節合のポリティクス──文化人類学の新しい階段」（『現代思想』1998年6月号）

2 いわゆる「サブカルチャー」は都市の文化として,カルチュラル・スタディーズのなかで特権化されてきたが:

A その社会的・政治的文脈を重視した先駆的研究として——
- ▶ポール・ウィリス『ハマータウンの野郎ども』(筑摩書房,1985年)
- ▶ディック・ヘブディッジ『サブカルチャー——スタイルの意味するもの』(未來社,1986年)

B 現代アジアと日本の都市研究としては——
- ▶佐藤郁哉『暴走族のエスノグラフィー』(新曜社,1984年)
- ▶宮台真司・石原英樹・大塚明子『サブカルチャー神話解体』(パルコ出版,1993年)
- ▶斎藤貴男『プライバシー・クライシス』(文春新書,1999年)
- ▶佐藤俊樹『不平等社会日本』(中公新書,2000年)
- ▶岩渕功一『トランスナショナル・ジャパン——アジアをつなぐポピュラー文化』(岩波書店,2001年)
- ▶小倉利丸編『監視社会とプライバシー』(インパクト出版会,2001年)

第6章

スポーツ
——境界を侵犯するアスリート——

Sport crosses over any national boundary.
（スポーツに国境はない。）

今福龍太「日本野球からの亡命者たち——長嶋から野茂へ」（『スポーツの汀』1997年，172-86頁）を読む

1 国境を越えるスポーツ

「スポーツに国境はない」とはよく言われるし，耳目にも入りやすい。誰でもがそう信じたい。がしかし，オリンピックや世界選手権，ワールドカップなどの実態を見れば，それが理想に過ぎず，実はスポーツほど国と国の境を意識させ，近代国民国家の政治権力が発動される場も少ないのではなかろうか？　そしてこのような美しい理想をことさらに言いたてる人ほど，ナショナリズムに囚われ，スポーツの政治性に鈍感なことが多いのはなぜだろう？　だが現実がそうであるからこそ，自己の卓越した身体能力を武器にして，実際に国境を越えるスポーツ選手たちがいる。今福龍太のこのエッセイは，そんな者たちに捧げられた賛辞である。

今福龍太の文章は引用するのが楽しいほど，思考のリズムと創造の息遣いに溢れている。そのエッセイはつねに魅力的な感覚を伝える無駄のない一文で始まる。

　　スポーツが，これまでにないようなかたちで，国境を越えはじめている〔中略〕。このことが少しずつ，だが確実に，私たちの実感として迫ってくるようになった。(172頁)

江戸と箱根を往復するまさに国民的儀式とも言うべき「正月の大学対抗駅伝」の常連アフリカ人ランナー，祖国の御家芸である卓球で「国際試合」をする日本に帰化した中国出身選手，日本のジムに所属する世界チャンピオン候補のロシア人ボクサー，日本の国技である相撲で大活躍するハワイやモンゴル出身の力士，そして世界中から参集した無数の一流プレイヤーたちが競うサッカー・Jリーグ——ナショナリズムのイデオロギーに包まれ，国家対抗という枠組みに守られることによって発展してきた多くのスポーツが「その成立の文脈を大きく変容させ」，「旧来の国家的枠組みを超えて魅惑的な放浪の『旅』の途についた」のだ（173頁）。そこに今福は，20世紀が終焉するにあたって，西欧近代の帝国主義的ナショナリズムの解

体の契機を見る。

> 二〇世紀におけるナショナリズムの理念の世界的浸透を,西欧近代スポーツの世界各地への帝国主義的な侵入と定着によって例証することができるとすれば,いまやすべてのスポーツは,国家に帰属するという20世紀的な存在原理を離れて,あらたな離散と漂流にむけて歩みだそうとしているのである。(173頁)

そのような胎動は,英語ではベースボール,日本語では野球と呼ばれる,「きわめてローカルな(すなわち特定国家の文脈の中でのみ機能していた)スポーツの領域」(173頁)にも及ぼうとしているのだ。

> **トライアル▷▷日本のスポーツの国際化**
> 日本においてこのようなスポーツの国際化が始まったのはいつごろのことだろうか? その背景にある経済的・文化的要因を考えよう。また昨今のこうした現象と,日本の植民地時代に活躍した台湾や朝鮮出身の選手(実例を調べてみよう)の存在とは,どのように断絶し,また重なる現象なのだろうか?

2 ナショナルに閉じられたベースボール

野球は先年のシドニー・オリンピックから正式競技種目に取り入れられた。けれども,その参加国が「万国共通競技」とはほど遠いほど少なかったことからもわかるように,ほかの球技に比べ,このスポーツは世界の中できわめて限られた国々でしか行われていない。ヨーロッパ人やアフリカ人に野球の面白さを説明しようとしても,クリケットの卑俗な模倣ぐらいにしか思ってくれないことが多いし,作戦や駆け引き,サインプレーなどとなるとほとんど彼ら・彼女らの理解の及ばない馬鹿げた営みに見えるらしい。

そもそも多くの近代スポーツが、「十九世紀後半の帝国主義時代のイギリスにおいて、青少年の身体をナショナリスティックで集団化された規律のイデオロギーのもとに統率するために完成され、そこから世界に広がっていった」(173-74頁)。イギリスのスポーツというと、いかにも個人主義的で紳士的なイメージが浮かびそうだが、実はそのような個性や礼節を貴ぶ姿勢こそが、他者の排除と支配の構造に支えられ、内なる均一化と外なる序列化に貫かれていたのだ。フットボールやホッケー、ボクシング、ボート、ゴルフ、テニスといった競技は、イギリスの植民地拡張に伴って、自国民の訓練と他国民の養成を目的として世界中に伝播していくが、そのなかでベースボールだけが、「ほとんどもっぱらアメリカ一国内の運動競技として閉鎖的な反映を謳歌してきた」(174頁)。

トライアル▷▷ベースボールの歴史

　イギリスのクリケットの一変種であるラウンダーが、アメリカ合州国に渡ってベースボールとして発展した歴史、およびそれがキューバやドミニカ、そして日本、台湾、韓国に伝播する経緯を、それぞれの国の特殊な歴史背景、アメリカ合州国との植民地的関係を踏まえて整理しておこう。

　とくに日本の場合は、「アメリカ合州国に敗戦した」という大多数の国民の実感が、その後アメリカによる占領期を経て、アメリカを勝者であると同時に解放者としても迎えるという二重の矛盾した心理を育んできた。このような「アメリカの影」こそは、日米安保体制に象徴されるような「アメリカの庇護」のもとに、アジア諸国に対する戦争責任や戦後補償の放棄、スポーツの分野に限らない圧倒的なアメリカ文化の影響(及びそれへの反発)を生んできた母体となっていないだろうか。

今福はそのようなベースボールの少数の限定された国々への展開を、アメリカ的なナショナリズムの影響と、それへの反動としてとらえる。

わずかな例外として、現在キューバおよびドミニカ共和国というカリブ

第6章　スポーツ　131

海の二国に強固な野球文化が存在するのも，これらの国々で二〇世紀前半にきわめて親米的な政府が成立し，アメリカの軍事的・経済的影響力の支配と平行してベースボールが広まったからにほかならない。日本，韓国，台湾というローカルな東アジア野球文化の形成は，二〇世紀後半，たしかにそれぞれの国においてアメリカ型のベースボールとは異質なスタイルの野球をつくりあげたが，逆説的にいえば，これもまたアメリカの見えざる政治的影響力をとりわけこれらの国々が二〇世紀を通じて受けつづけてきたことの，皮肉な証であるのかも知れない。(174頁)

　ベースボールに具現されたアメリカ的ナショナリズム――英雄賛美，男性中心主義，中産階級家庭擁護，人種や階級差を超越する身体能力への幻想――は，日本においても形を変えながら，しかしナショナリスティックな閉鎖性という本質はそのまま引き継いで，野球という独特の美学を持った国民的スポーツになってきたのである。

キーワード11 ❀〈アメリカと東アジアの「戦後」〉

　ここで今福は野球を題材として表面をさらりと撫でるようではあるが，20世紀の世界秩序の再構成について，核心に迫る問いを提起している。すなわちアメリカ合州国が今世紀において世界的な覇権を確立するうえで，中南米諸国とくにカリブ海諸国と，太平洋東アジア諸国に政治的・経済的・社会的に及ぼした影響と，それらの国々が果たしてきた役割という問題がそれだ。それはスポーツや文化産業の伝播や経済的主従関係だけでなく，これらの地における米軍基地の存在に象徴されるような「世界の警察官」としてのアメリカ合州国の軍事的優越をグローバルな規模で維持するネットワークを核として構築されてきた。

　およそ近代という時代を考えるとき，「アメリカ」という存在を抜きにして語ることはできない。それはまさに象徴的にも現実的にも，1492年10月12日コロンブスの一行が皮肉にも「西インド」と呼ばれることになる島のひとつに上陸してから，2001年9月11日旅客機を使った自爆攻撃が合州国

本土を襲うまで，世界の経済・政治・文化・戦争の支点であり続けている。

東アジアの戦後史を例にとってみても，アメリカ合州国の存在なしに語ることは不可能だ。日本では1945年の敗戦を境として，「過ちを犯した」帝国主義の戦前と「更生した」民主主義の戦後とが，国民の意識の上で断絶し，サンフランシスコ条約・日米安保体制の下で，東アジア冷戦状況における唯一の恩恵国として，未曾有の経済成長を謳歌しているように思われる。自らの戦争責任を忘却した日本の繁栄と安定と平和は，朝鮮戦争・ヴェトナム戦争・湾岸戦争の直接の効果であるにもかかわらず，1945年で止むことのなかった戦争や暴力は，私を含めた多くの日本人にとって，他の「遅れた」国の（あるいは国内の一部「過激派」の）ものに過ぎなかったのだ。

しかし，いったん視点を日本以外の東アジアに転換してみれば，そこには戦前と戦後とを貫徹する差別と抑圧状況が継続している。支配者としての日本人は1945年でいったんいなくなったものの，戦後すぐに復帰したアメリカやイギリス，オランダなどの旧植勢力の後ろ盾によって，かつての対日協力者たちが政権中枢に返り咲き，そこに国際社会復帰を果たした日本の「経済協力」が加わって，開発独裁型政権を支え続けることになる。その成立過程で起きた各地での虐殺事件——済州島4・3，台湾2・28，マラヤ共産党やフィリピン・フクバラハップ団の弾圧。そしてこれらの虐殺の真相が明らかになり，被害者が声を挙げられるようになったのは，各国において無数の民衆の犠牲の上に，この米日を頂点とする抑圧構造がようやく揺らぎ，一定の民主化が達成された1990年代である。

このような問題を扱った最近のすぐれた論文集として，『現代思想 臨時増刊号：戦後東アジアとアメリカの存在——〈ポストコロニアル〉状況を東アジアで考える』，（青土社，2001年7月）がある。またこのような問いを継続的に討議するために沖縄，韓国，台湾，日本4地域の市民運動家，知識人，政治家など幅広い人材が集まり，毎年国際会議を開催する重要な取組みとして，「東アジアの冷戦と国家テロリズム」国際シンポジウムがあり，毎回報告集も出版されている（☞第10章〈こんな本も読んでみよう〉2B「アジアからの問いかけ」を見よ）。

3 「日本野球」の外部の出現

　このような「野球文化のナショナルな閉鎖性」(175頁)を破ったのが，95年に近鉄からアメリカ大リーグに移籍して活躍を始めた野茂英雄である。彼の出現はまさに彼我の国境を越え，「日本とは伝統も実力もちがうと考えられてきたメジャー・リーグという，一方的な賛美と畏敬の対象であったものを，一挙に日本野球のプレーされる地平と連続性を持った位置に置き直すことを私たちに迫った」(175頁)という意味で，「日本的な共同性」の境界侵犯と言うにふさわしい出来事だった。野茂現象は彼の卓越した能力と共に，前章でも触れたような，テレビ衛星放送を初めとするメディアの発達が大きく影響している。視覚的にも豪快で，メジャー・リーグの強打者からフォークボールで三振を取りまくる野茂の「トルネード投法」は，まさに「スペクタクルの力学」の題材にふさわしい。すなわちスポーツをも含む大衆娯楽が，近代国民国家とその帝国主義的拡張とともに発展した消費文化の枠組みのなかで，自己と他者との境界分けを必然的に要請したように見えながら，実はそれがきわめて恣意的な序列化の行為にすぎなかったことを，野茂の右腕はまさに単独で暴露したのだ。

　しかし今福のエッセイは，野茂に関する日本の報道の多くがそうであったように，この現象を「日本人が本場アメリカでも通用するようになった」といったような植民地主義的二項対立思考とはほど遠いところで捕らえようとする。野茂を先駆者として，現在のイチロー，佐々木，サッカーの中田など海外のプロチームに所属して活躍する「現代日本の英雄たち」に関するマスメディアの報道は，結局「世界で活躍する日本人」というステレオタイプを脱していない。そして忘れてはならない肝心な事実は，海外のプロチームにおける活躍や実績の詳細はともかく，野茂以外に境界侵犯の創始者はあり得ず，ほかの選手たちは野茂の未曾有の試みがあった後で，つまりビジネスや文化的障壁の条件が急激に好転した状況のなかで移籍し活躍したということだ。その意味でも今福があとで使う表現をもじって使えば，NOMOの後には「NO MORE NOMO」であるのだ。世界陸上選手

権のトラック種目で史上はじめて銅メダルを獲得した選手の詳細を私たちが記憶しながら，そのときの金メダルが誰であったか覚えていないのはその典型であるし，このようなとき「世界を見返した」などと絶叫するのが常のテレビのアナウンサーの言葉は，視聴者である私たち自身が共有しているものだ。しかしこのエッセイはそのような限界をいとも軽やかに乗り越えて，一方でナショナルな共同体の閉鎖性を突きながら，他方でその共同体の内部における変革の可能性にも注目するのだ。

4 共同体内の「異端児」の記憶

驚くべきことに今福は，野茂の先駆者として，まさに日本国民の英雄的存在であり続けた長嶋茂雄に言及する。彼こそは「日本野球を代表するスター・プレイヤーとなりながら，日本野球という共同体に選手としてけっして馴染むことがなかった」(176頁)からだ。選手としての長嶋の破天荒なプレーは数々の「伝説」として語り継がれ，そのひとつひとつが稀有な野球選手としての才能を超越した「ルールに頓着しない縦横無尽の美学」を示している。今福によれば，それは日本野球共同体に対する反逆の哲学を潜在的に孕んでいた。

> 管理に対する自由。チームプレーでなく個人技。勝つことよりも美しくあること。記録に残るのではなく記憶に残ること〔中略〕。先にあげたエピソードが示すこうした長嶋流のスタイルは，しかし単なるひとつの野球美学の提示であるにとどまらなかった。それは同時に，戦後日本において誰も提示しえなかった哲学のようなものを無意識に指向していたとさえいえる。長嶋は，その存在じたい，すでに日本野球のスケールを大きく逸脱していたのである。それを，野球に人生を透かし見るような精神主義への抵抗ととらえることができるかもしれない。(176-77頁)

それは日本野球の根本に関わる，伝統への反抗だったのである。

> **ノート** 〈日本野球の現状〉
>
> ナショナリズムの問題は別としても，日本のプロ野球が置かれている現状はけっして明るくない。サッカーのＪリーグとは違って，真に地域に根差したチームが広島を除いては皆無であること，親会社が読売巨人軍（なぜこのチームだけが軍隊のような呼称を維持しているのだろう？）に莫大な資金を投入することによって一流選手を掻き集め，テレビ中継枠を独占し，おかげで野球の面白さが半減してファンも減少傾向にあること，また数々の日本出身の大リーグ・プレイヤーの出現によって「才能流出」が加速されていること，また少年野球から高校野球，プロ野球にいたるまでを貫いていた「根性」とか「刻苦」といった一種の日本的精神主義が見直しを迫られていること，などなど，「日本野球」はあきらかに転機を迎えている。

5　敗戦体験を通じた「野球道」への反逆

　「根性」や「刻苦」といった精神主義の伝統をもたらしたものこそ，日本人の戦争体験であり，戦後すぐの日本野球を再興した選手たちが具現していたのも，「克己，鍛練，根性といった理念を戦場の記憶を通じて示す」（177頁）ことで，戦後の廃墟から立ち上がろうとする日本人に，過去の苦難と将来の希望を映しだす「鏡」を掲げる営みだった。しかし敗戦時に国民学校4年生であった長嶋にとって，野球は最初からアメリカ的理念を担い，戦後民主主義の理想を具現するスポーツであった。長嶋の英語好きを今福は，「彼は野球をはじめから『英語で』原体験している」（178頁）からだ，という。

　日本野球のナショナルな閉鎖性を，アメリカ民主主義の方向へとあくまでも明るく押し開いた長嶋茂雄が，その行為のゆえにさらにナショナルな英雄として祭り上げられる矛盾，というより，日本戦後社会の必然的な二重性。日本国民の多くが抱く〈アメリカ〉に対する憧憬と反感とが愛憎半ばするアンビヴァレンス。そのような矛盾をうちに押し隠した日本的な物

語のなかにつねに包摂されていく日本のプロ野球のなかで，長嶋だけは孤独な存在だったのだ。

　日本野球が日本野球としてまさに自己確立しようとする時期に，長嶋は一人ベースボールの本質を見つめようとしている。だから，彼がいかに戦後プロ野球のヒーローになろうとも，彼はきわめて例外的なベースボール・プレーヤーでありつづけた。なぜなら長嶋登場以降まもなく，経済成長とともにプロ野球は完璧に日本的な物語として整序されていき，戦後復興の根性物語から，別の人生物語へ，すなわち成長神話の中の人間くさい人生ドラマの中に回収されていったからである。(178-89頁)

　スター，ヒーロー，日本国民の英雄として私たちに消費されてきた長嶋像と，そのような「ファン自身のナルシスティックな人生論」(179頁)的受容の枠組みをすりぬけていく彼の才能は，時代に迎えられながら時代を越え，日本という国家の繁栄と歩みをともにしながら，高度成長に酔う国民の気質から遊離していた。今福のエッセイはこのように本質的に矛盾した反時代的存在としての長嶋の単独性を「日本」を超えた地点でとらえようとする。長嶋の「エピキュリアン（快楽主義者）の素質」は，彼をほかの国民的スポーツヒーローたち（相撲の大鵬，ホームラン世界記録の王，東京オリンピック金メダルの女子バレーボール「東洋の魔女」）――克己と自己抑制を旨とする国民の模範となる「伝統的求道者」――の類型から解き放つ。それを今福は私たち自身の「非国民的」可能性とさえ呼ぶのだ。

　野球を精神性や根性の物語から解放し，勝敗という呪縛すら振り切って，ひたすら本能的な美しさとスピードに自分の身体表現力を賭けつづける〔中略〕。こうした執念は，ヘルメットを飛ばしながらバットを振り抜く，本塁打よりも美しいあの「長嶋の三振」を生み出したが，それに熱狂した私たちは，じつは野球の，さらにいえば生きることの，抑圧的ではない，つまりは非「日本的」なひとつの可能性を教えられていたのでもあっ

た。(179-80頁)

　この「可能性」の一点で長嶋と野茂とが連続する——「日本野球からの亡命者」として。

> **ノート**　〈「長嶋」の記憶〉
>
> 　著者である今福龍太は1955年，私と同年の生まれだからスポーツへの関心はおそらく似通った歴史をたどっているだろう。街頭か隣近所のテレビで見た力道山の空手チョップから始まって，川上巨人のV9へと連なる，テレビを中心にした家族団欒の歴史。私も東京生れの人並みの野球少年として，長嶋と王は永遠の憧れの的だった。
>
> 　長嶋と王が最後にアベックホームランを打った長嶋の引退試合を，テレビで見たのはたしか大学1年生のときだ。試合途中から自分の人生と長嶋の歴史を重ねる幻想に高揚したのを覚えている。
>
> 　あのとき長嶋が最後に放った有名な台詞，「巨人軍は永遠に不滅です」は，巨人はおろか日本野球の制約を，素質においてはるかに凌駕しながらも，その枠組みのなかで国民的英雄として止まり続け，優勝という永遠の成功物語の実現を監督として課せられた長嶋の運命を逆説的に予言していたのかもしれない。
>
> 　しかしながら大事なことは，今福のこのエッセイを，現実的限界によって包み込んでしまうことではなく，エッセイが想像する先を見越して，そこに私たち自身の越境の可能性をさぐることではないだろうか？　日本スポーツにおけるナショナルな閉鎖性を指摘して，自らの「国際性」を誇示することなら誰でもできる。カルチュラル・スタディーズが私たち自身の生き方への問いであるためには，長嶋がなし得たかもしれない亡命を自らの可能性として引き継ぐ，今福のような想像力が必要なのだ。

6 抗議から批判へ

　長嶋が日本的精神野球の枠内での「抗議」としてしか果たせなかった日本野球からの脱出と越境を，30年後アメリカ大リーグのマウンドで実現した野茂。彼のベースボール讃美は，「どうしようもなく抑圧的な精神主義によって美化された，湿っぽく，かつ硬直化した日本的野球倫理それ自体への，きわめて正当でストレートな批判として読まれるべきだ」と今福は言う（181頁）。それはアメリカ合州国と日本という，ともにきわめてナショナリスティックな共同体の閉鎖性を境界侵犯によって解体し，「ベースボールと野球のあいだを隔てることで巧みに互いのイデオロギーを温存させてきた国境」を「無化」（181頁）する実践なのだ。

　越境者であるからには，「日米の掛け橋」とか「アメリカンドリームの実現」といった植民地的国民主義や移民センチメンタリズムは，野茂にはふさわしくない。彼はあくまでベースボールの快楽だけを追及する非ナショナリストだからだ。ここでも今福の筆は冴え渡る。

　　野茂は，スポーツの国家的占有からの果敢な越境者・革命家として評価されなければならないのだ。NOMO は，まさにこれまでの野球のローカルで閉鎖的な生存原理にたいしはじめて「NO MORE」を叫んだ。（182頁）

7 スポーツ・ジャーナリズムとナショナリズム

　このような野茂の活躍を，しかし日本のスポーツ・ジャーナリズムは，スポーツの越境者・亡命者として正当に評価するどころか，いまだに野球の国家的閉鎖性を追認するだけでなく，日本とアメリカの野球の実力が接近したというナショナリズム補強の言説を量産する。野茂が「メジャーで『通用』した，という事実」が，「『日本野球』の現在的達成を示す，何よりもすぐれた商品見本へと見事にすりかえられ」（183頁）ることによって，

日本野球の支柱であった高度経済成長神話は神話のベールを剝ぎとられることもないまま，アメリカを越えた日本という成功物語の文脈へと移し変えられたのである。そこに露骨に見え隠れしているのは，野球選手を文化的商品として売買する国家・企業の無節操な利害関心だ。

> 結局ベースボールも野球も，国家的利害関係によって囲い込まれたまま，見かけの「交流」（それは節操ないビジネスそのものでしかない）へと乗り出そうとしているにすぎない。交流という美名の陰にある，国家間の無意識の政治・経済的取引はますますエスカレートする兆候さえある。（183頁）

このようなスポーツの国家による「飼い慣ら」し（185頁）の実例として，今福は，来日したキューバのカストロ首相に日本の記者たちが，キューバのアマチュア野球選手の日本プロ野球へのスカウトの可能性ぐらいしか聞くことができなかった，というエピソードを挙げる。選手たちが次々と国境を越えているのに，それを報道するジャーナリズムとその読者は，いまだにナショナリズムの枠に囚われたままなのではないだろうか。

8　境界侵犯する身体

そのような受容のありかたに抗して，野茂だけが特別な存在なのは，今福によれば，その徹底した境界侵犯性のゆえだ。

> 野茂という例外的な越境者だけが，そうしたスポーツの国家的占有の後期資本主義的ヴァージョンの幻想性を，ただしく指し示すことができる。そうした行為の有効性は，野茂が，スポーツにおけるナショナルなイデオロギーの支配にたいして，本能的な抗議の意志をみなぎらせているという一点によって保証されているからだ。（185頁）

この意志がある限り，野茂の存在はたとえ現実には多くの帝国主義的・資本主義的・消費文化的制約を受けようとも，未来の解放への道筋を照らし出す。今福自身の目が，思いが，文章が，野茂の右腕が描く奇跡の向こうへと越境しようとするからだ。

　しかし少なくとも，私は野茂の身体の内部に，これまでの国家的占有を脱したベースボールの姿を，はっきりと透視することができる。そのイメージは，いまだ彼の身体のうちをぐるぐるとめぐる幻影にも似たかすかな絵柄でしかないかもしれないが，その絵柄がいつか彼の肉体を滑りでて，フィールドに向かって魅惑的な図形を描き出さないと誰が断言できるだろうか〔後略〕。(184-85頁)

　このエッセイは最後に野茂の帰国を「『凱旋』という最高にナショナリスティックな用語」(185頁)で迎えた私たち日本人の，この「スポーツ亡命者」に対する非礼を責める。しかしそれに終わることなく今福は，例によってあり得たかもしれない歓迎の風景を思い描くことで，野茂の壮挙にきわめて正当に応えようとするのだ。

　スポーツ選手としての国家への帰属を無化してしまった越境者が，かりそめにかつての祖国に滞在するために帰ってきたのならば，その越境者の心中は羞恥と安堵と醒めた自然体のリアリズムとによってみたされていたはずだ。だとすれば，そのような越境者の帰還をまるで知らなかったかのように見過ごすことで，私たちは彼が与えてくれた爽快なベースボール的幸福への返礼を倫理的にまっとうすることができたのではないか。(185頁)

　ひとり空港に下り立つ越境者の身体を想像することによって，私たち自身の精神が越境の旅へと向かうこと。やはり問題なのは，ここでも私たち自身なのだ。他人の閉鎖性をあげつらって「蒙を啓かれた」自己の優位を

誇るのではなく，共同体の倫理道徳を単身抜け出して，自らの勇気と行動で閉塞に穴を開けた人間の試みの先を溢れんばかりの共感をもって見通し，それも自分自身の生き方の道標とする断固とした意志と柔軟な想像力を持ち続けること——今福のエッセイはそんな頑固さと優しさに満ちている。

トライアル▷▷スポーツと政治

　近代スポーツはどんな種目もどんな競技会も，国民国家の政治的儀礼として利用されることで発達し，ナショナリスティックな精神性を背景として社会的・経済的・文化的価値を付加されてきた。スポーツと政治との癒着は，スポーツのフェアプレイ精神の逸脱どころか，その本質にほかならないのだ。しかしこの章でもふれたように，国民国家の枠組みが経済・社会・文化の各側面で揺らぎはじめると共に，一方で国家の枠組みを解体するような人や物の動きが加速され，他方でナショナルな制約を強化しようとする反動が政治的に勢力を強化しつつある。つまりスポーツは，国境をめぐる想像力のせめぎ合う場となっているのだ。韓日共催のサッカーワールドカップは，2002年に予定されているが，サッカーだけでなく，ほかのスポーツでも事情は多かれ少なかれ共通する。スポーツの種目や最近の競技会を実例としてひとつ取り上げて，こうしたナショナリズムの強化と解体の力学を考察してみよう。

こんな本も読んでみよう　　　　　　　　　　　　　　　　　　　（第6章）

1　スポーツとカルチュラル・スタディーズの親近性：

A　スポーツを文化的・政治的な力学から分析する試みとして——
- ▶玉木正之・R. ホワイティング『ベースボールと野球道』（講談社現代新書，1991年）
- ▶J. ハーグリーヴズ『スポーツ・権力・文化』（不昧堂出版，1993年）
- ▶松岡完『ワールドカップの国際政治学』（朝日選書，1994年）
- ▶J. リーヴァー『サッカー狂の社会学』（世界思想社，1996年）
- ▶稲垣正浩『スポーツ文化の脱構築』（叢文社，2001年）
- ▶松本芳明ほか編『近代スポーツの超克』（叢文社，2001年）

2　「アメリカ」という現象を考える：

A　アメリカ合州国の多様性とは何か——
- ▶津神久三『アメリカ人の原像——フロンティアズマンの系譜』（中公新書，1985年）
- ▶野村達朗『「民族」で読むアメリカ』（講談社現代新書，1992年）
- ▶W. E. B. デュボイス『黒人のたましい』（岩波文庫，1992年）
- ▶デニス・バンクス，森田ゆり『聖なる魂——現代アメリカ・インディアン指導者の半生』（朝日文庫，1993年）
- ▶進藤榮一『アメリカ　黄昏の帝国』（岩波新書，1994年）
- ▶マサオ・ミヨシ『オフ・センター——日米摩擦の権力・文化構造』（平凡社，1996年）
- ▶マイク・マークシー『モハメド・アリとその時代——グローバル・ヒーローの肖像』（未來社，2001年）

B　グローバリゼーションに対抗する運動の可能性——
- ▶ミシェル・ボー『資本主義の世界史』（藤原書店，1996年）
- ▶デヴィッド・ハーヴェイ『ポストモダニティの条件』（青木書店，1999年）
- ▶「特集　グローバリゼーション」（『現代思想』1999年11月号）
- ▶姜尚中，ヨアヒム・ヒルシュほか『グローバリゼーションを読む』（情況出版，1999年）
- ▶松井やより『グローバル化と女性への暴力——市場から戦場まで』（インパク

- ト出版会，2001年）
- ▶ ATTAC編『反グローバリゼーション民衆運動——アタックの挑戦』（つげ書房新社，2001年）
- ▶ ジョゼ・ボヴェ，フランソワ・デュフール『地球は売り物じゃない——ジャンク・フードと闘う農民たち』（紀伊國屋書店，2001年）
- ▶「特集　アフガニスタン侵略とアクティヴィズム——反グローバリゼーションのゆくえ」（『インパクション』128，2001年12月号）

c　2001.9.11 以降の状況において——
- ▶『これは戦争か』（『現代思想』2001年10月臨時増刊号）
- ▶「特集　グローバル化する報復戦争」（『インパクション』127，2001年10月号）
- ▶ モフセン・マフマルバフ『アフガニスタンの仏像は破壊されたのではない 恥辱のあまり崩れ落ちたのだ』（現代企画室，2001年）
- ▶「特集　アフガニスタン戦争」（『世界』2001年12月号）
- ▶ 坂本龍一監修『非戦』（幻冬舎，2002年）

第7章

マンガ
―― 若者文化の解釈学 ――

Yes or no, answer me directly.
（○か×か，はっきりしてください。）

若桑みどり「『ゴーマニズム宣言』』を若者はどう読むか」（梅野正信・沢田竜夫編『戦争論妄想論』教育史料出版会，1999年，135-154頁）を読む

1 ○×試験と知識

　あなたがもし大学生なら，そのうちかなりの人が大学入試センター試験というのを受験されたのではないだろうか。言わずとしれたマークシート方式，つまり○×試験のコンピューター版である。この方式が多くの受験生の知識を効率よく試験するのに便利であることは，否定できないだろう。しかし知識とはモノではないのだから，試験のために覚えて吐き出し，必要なければ捨ててしまっていいものとは言えない。それは自分の精神的財産として，自己変革の可能性さえ秘めたものだからだ。

　「近頃の学生は反応や問いが単純すぎる」という教員からの物言いを私もよく耳にする。別に最近の学生でなくても，学ぶ者がときに性急に答えを得ようとするのはありがちなことだ。知識とはその性急さに一定の歯止めをかけ，より冷静で時間を掛けた省察に道を開くもののことだ。人間というこの複雑な動物が作り出す文化は，矛盾と錯綜した力関係に満ちており，一瞬たりとも変容することを止めない。とすればその実相を探ろうとするカルチュラル・スタディーズも○×試験ではあり得ない。むしろそのように性急に答えを得ようとする衝動や動機に光を当て，そこにうごめく関係性を能う限り解明するのが私たちの課題である。

　この章ではそのダイレクトなメッセージゆえに，とくに若者に莫大な支持を得ているあるマンガの受容の力学を分析した若桑みどりの文章を取り上げ，日本社会において確固たる地位と影響力を持つマンガ文化へのアプローチの方法を模索してみよう。

2　小林よしのり現象

　1998年2月の中央大学駿河台記念館での講演に加筆されたこの文章は，美術史・表象分析を専門とする著者による「小林よしのり現象」の正面切った解読である。まず多くの若者に小林よしのりが支持される理由のひとつとして若桑が挙げるのは，小林よしのりの「マンガ家」という自己規定の

仕方である。小林自身の「わしはいかがわしい人間で商売でマンガを描いているだけだ」という宣言がなぜ若者にうけるのか？ それを若桑は「文化ギャップ」のせいであると言う。

> これは文化的な問題で，漫画とはなにか，若者にとっては漫画とはなにかという根本的な問題まで降りていかないと駄目なんです。「漫画家なら大したことない」「漫画家ならば一流の小説家より低いから軽蔑していい」とか，そういうことではないのです。漫画とはいまの精神文化の中心なんですね。このマスプロダクションのなかで大量生産されるイメージのものすごい力があるわけで，「岩波文化」に象徴されるように，文字が知識を伝えるなんていうことを大人が考えているかぎり，この漫画文化のものすごい力に盲目になっているのです。(138頁)

若桑によれば，「漫画家」という彼のアイデンティティは，「思想」や「ポリシー」に対する反感と結びついて，多くの若者の支持を得やすくしているという。すなわち次のような小林よしのりの発言を引いて，若桑が説明するように，

> 「俺は基本的にいかなる思想の体現者でもない。思想は自分にとって第一義的なアイデンティフィケーションではない。だから俺はポリシーなんかない。俺のポリシーなんかコロコロ変わる」といっているのです。それは思想を変えない人間への挑戦なんですね。(138頁)

小林よしのりのこのようなきわめて単純な論理が，○×試験のように単純な答えを期待する若者の頭に分かりやすく浸透する。そこに見られるのは「唯一絶対の正義というものがあると信じている，いわゆる『まっすぐな』『純粋な』奴ら，はまった奴ら，つまりイデオロギーを生きている人たち，これに対する徹底的な嫌悪，憎悪とそれに対する挑戦」(138-39頁)だ。

これは一見，万能な威力を発揮するスタンスである。すべてのものに押

しなべて反対する——「オウム反対，共産主義反対，社会変革反対，そしてボランティア反対」など——ことによって，世の中の動きをうさん臭く感じながら自分では積極的に何もできない若者たちを魅きつけていく——「それらに対する反対こそが，それらに入りきれない人たち，それらのものを信用できない人たち，それらから除外され，ドロップアウトされ，アウトローになった人たちを引きつけてきたのです」(139頁)。

ところが皮肉なことに，小林よしのりがそうやって社会的影響力を増すにつれ，そのようなすべてのものに対する「アンチテーゼ」という姿勢を変えざるを得なくなる。彼は「従軍慰安婦」問題，教科書問題において，一方のナショナリスティックな主張を擁護する側の強力なイデオローグとなってしまったからだ。

しかし若桑が小林よしのり現象の本質と考えるのは，あくまで何かを信じて運動することに対する疑い，反発の姿勢が，個と集団との二項対立図式のなかで，小林個人のメッセージとしてひとりひとりの読者に訴えかける，という構造である。

「組織に個を融解させた奴ら」が，集団的に一つの権威となってわれわれ個体の上に覆いかぶさっている現状を考えると，これは非常にインパクトがあるんですね。「厚生省を疑い，弁護士を疑い，原告を疑え。〔中略〕わしを疑え」と，ソクラテスみたいになってくるんですね。最後の「わし（小林よしのり）を疑え」というところで，ちょっと知性のある若者は「これは本物だ」と思うわけですね。私の権威を疑うんだ，真のゴーマニストはゴーマニズム宣言を信じないことだといわれると，やっぱりついていこうということになりますよね。(139-40頁)

このような「反社会的」な姿勢，親，教師，政治家，評論家など自分の言うことを信じ込ませようとする人間たちに対する徹底的な不信。そのような「疑え」というスタンスの必然的帰結として，人のいうことを信じなくてすむように，集団の中にいなくても不安でないように，「自分という個，

自我」を確立しろというメッセージが伝えられる。たしかに思春期の不安定な状態にあり、また将来の展望も定かではない時期の若者にとって、このような小林よしのりのマンガのメッセージは一定の共感をもって受け入れられるはずだ。

キーワード12 ❖〈アイデンティティ〉

　これまでもすでに何度か出てきた単語だが、アイデンティティとは自己の証明や同一化をしめす用語である。いわゆる身分証明書をアイデンティティ・カードあるいはアイデンティフィケーション・カードと呼ぶように、アイデンティティはもともと安定して固定され一貫した何かを指しながらも、それが世界的な社会状況の変化――たとえば移民・難民（彼ら・彼女らの多くは「身分証明書」を持たない）の増加や文化・情報の国境や民族を越えた流動など――によってゆらぎや不確かさを余儀なくされてきたことで、重要な問題のひとつとして注目されてきた。そしてこのようなアイデンティティの揺らぎが、その反動として伝統的な民族帰属意識の高揚（それにともなう多くの民族紛争の再燃）や、世界的な商業と資本のネットワークと市場の拡大による個人の消費者化という画一的なアイデンティティの創出をももたらしているのが20世紀末からの状況であると言える。

　カルチュラル・スタディーズが前提とするアイデンティティの様相は、流動的でさまざまな要素によって制限されており、宗教・言語・国家・イデオロギー・セクシュアリティ・文化によってつねに介入と交渉の余地のあるものとされる。その意味でフェミニズムや人種に関する研究が、たとえば「黒人」や「女性」といった概念をその固定された本質主義的傾向から解放し、二項対立的枠組みを解体することによって、ほかのさまざまな要素（階級、性的欲望、民族性、年令など）との干渉関係によって流動的なアイデンティティ構築の可能性を示唆してきた功績は大きい。文化的アイデンティティとは、ある時点においてほかの要素より支配的な指標がけっして永久的な決定項にはなりえないような、複数で相互交渉的な要因の総体なのである。

3 日常性の世代

若桑は，小林よしのりのこうした思想を彼自身の述べるところにしたがって，世代論として整理する。

小林は，六〇年代から七〇年代にかけての社会変革を夢見た学生運動の無惨な挫折を経たあとの「七〇年代シラケ世代の三無主義（無気力，無責任，無関心）に育った」，自分はその世代の人間だというのですね。だから自分は集団的な暴力革命を信じた六〇年～七〇年代を信じないんだと。(140頁)

集団的な運動に対するこうした不信にもとづいて，小林よしのりが理想とする若者の姿は，「70年代の暴力革命の未熟を知り，80年代のニヒリズムに飽きたらず，しかし，80年代のエゴイズムを内側にセットして，あくまで自立した個として生活してゆける自身をもっていながらここぞというときに限定した目標を掲げて連帯して闘う。勝利したあとに速やかにそれぞれの終わりなき日常に復帰し，じっくりと次なる闘いのために己の牙を研ぎ始める」(140-41頁) というものだ。「自己の確立」と「個の連帯」が，あくまで個人の日常生活を基盤として果たされ，闘いの目標も限定された，生活者としての地道なものに設定する。このようなあくまで個人の日常性から発する自由への希求が，一定の物質的満足と生活の安定を得て，むしろそのような社会を根本的に変革するよりは日常性の存続を願う日本の現代の若者の共感を得るのである。

4 身体的実感主義

若桑によれば，このような小林のメッセージが浸透しやすいのは，それが多くの十代の少年の「実感主義・肉体主義・行動主義」に見合うからだという。

彼のいう確立された個というのは知的・論理的に行動する主体ではなくて，皮膚的・身体的に行動する個なんです。つまり彼のなかには激しい反インテリ，反ロゴス，口先だけで自分の体を痛めない奴ら，インテリに対する根本的な憎しみがあります。(141頁)

そのような憎悪が，身体的な「むかつき」となって発露しやすい少年たちを代弁する者として，小林よしのりは自分を位置づける。そのことによって，小林は会社で自分の意見が求められない若いサラリーマンやセクハラ上司に悩む若いOLを始めとする，あらゆる組織の弱者に，「ゴーマンかまして」自分の意見を主張せよと励ますのだ。このように日常生活で自分の意見を言う場がない若者に，小林よしのりのメッセージは浸透したのだ，と若桑は言う。自分だってしばしば大学の会議でそのメッセージと同様に行動した結果，自分を排斥しようとする視線に出会っているのだから，と。

このやりきれない「長い物には巻かれろ」式の状況のなかで，一人正論を貫くということは，日本では不可能に近い。この天井の抜けないウックツ感こそが，よしのりに共感させた最初のインパクトだと思う。どこでも個の主張ができなくさせている日本の状況そのものが，若者をよしのりに追いやったと思うのです。(143頁)

小林よしのり現象の背後には，明らかに日本社会のこのような個の埋没状況があるのだ。

5　インテリへの反感

知識人や文化人が口で言うだけで何も行動せず，しかも口で言っていることも何を言っているのか，普通の人には分からない。これが小林よしのりのもうひとつの強力なメッセージである。それを若桑はインテリへの反感として認めざるを得ないという。

「てめーら／頭いいとぬかすんなら／愚民にわかる言葉で／しゃべりやがれ！」というのは，痛い。これ，正しい。この「愚民」宣言というのは，「役にも立たん／楽しめもしない／ざれごとを／もってまわった／言いまわしで／たれ流すんじゃ／ねー!!」，これすごいですね。(144頁)

若桑の小林よしのり批判が説得的なのは，このように日本の社会状況や知的状況に対する一定の批判をも視野に入れているからである。

6　癒しの装置としてのマンガ

　若桑は大学の授業と小林よしのりのマンガとを比較して，前者が決まったメニューしかない定食であるのに対して，後者は注文料理であるという。大学では少数の例外は除いて，基本的には学生の「これが知りたい」「あれを教えて」という要求に対して，教師が権威的に「これを学べ」という。それにくらべて，小林のマンガの場合，読者からの多数とどく手紙をもとに，内容を整理してその上で描くから，受けないはずがないと若桑は言う。この「需要者と制作者の交流」(145頁) という点でも，彼のマンガは知をいかに伝えるかというシステムをはるかに効率よく備えているのだ。
　また『ゴーマニズム宣言』の特色をなすものに，読者欄を利用した「言論操作」(146頁) がある。編集者によって，そしてさらに小林よしのりによって選択された投書を読者欄に掲載することによって，読者に参加と連帯の幻想を与えること。さらにそれが定期的に本(『ゴーマニスト大パーティ』)となり，そこでは「読者の名前と言葉が出るので，読者はここで初めてマスコミに登場」し，「一生涯平凡な立場にいる人たちが，…社会に食い入る事ができる」(146頁)。読者によって「先生」と仰がれる小林よしのりを通じて，社会問題を論じるメディアとしてマンガが機能しているのである。
　読者から小林よしのりに送られてきた手紙があつかう社会問題は，サリン被害から薬害エイズ問題まで実に幅広く，ときには日常の生き方や将来の進路といった人生相談に近いものまである。若桑はそのような若者のよ

しのりマンガへの支持を読者の社会的位置から分析して、現状に満足せず、「社会のなかで存在理由を確認できない」(149頁)人々にとっての存在理由を与えるのがこの「大パーティ」であり、小林よしのりのマンガの吸引力であるという。それは「よしりん」を中心とする「ゴーマニズム」という「大きな教団」(149頁)であり、そこにこそ危険があるのだ。

　小林は最近『戦争論』を書いて、これが何十万部も売れている。つまり、ゴーマニズムにはまった若者、それは本来は社会にかかわり、自己を主張したいという願いをもった行きどころのない若者であったはずなのに、いまは、彼らがまとめて、戦争を肯定し、祖国のために死ぬことに生の目的を見出す全体主義のなかに取り込まれていっている、こういうプロセスになると問題はきわめて深刻です。(149頁)

　小林よしのりが投書で取り上げる問題——人種差別、障害者差別、新興宗教、戦争責任問題など——を考え、人と語り合う場がない、そういうことを話題にしようとすると友だちから嫌われる。彼のマンガの読者はそのような社会問題に真剣に取り組もうとしている少数派の若者たちであって、疎外された彼ら彼女らが「熱烈なコミュニティーを構成している」(150頁)のだ、と若桑は言う。『ゴーマニズム宣言』がひとつの癒しの場になっているのである。

> **トライアル▷▷「よしりん」は変節したのか？**
> 　若桑のこの講演の主調は、「自我の確立」や「個の連帯」をとなえる小林よしのりが、横並び式に抑圧的な日本社会のなかで若者の支持を受けることの必然性を認め、学者・知識人文化に対するアンチテーゼとして、市井の人々に届く言葉で彼が語っていることを評価した上で、そのマンガのなかにある危険な要素、とくにナショナリズムや全体主義を、その「個人主義」とは裏腹に喧伝してしまう傾向を指摘するものであると言えるだろう。
> 　そうなると単純化して考えれば、『戦争論』をひとつの大きな分岐点とし

てそれ以前の小林よしのりと，それ以降とで評価を違えるという見方，いわば，社会問題を個人として考え論じる窓を若者たちに提供していた時代の彼は良かったが，戦争肯定を言い出すようになってからおかしくなった，という批判も成り立つのだろうか？　この問いを，小林のマンガとその批判書を手がかりにして考察してみよう。

　批判本としては次の4冊が小林よしのりの軌跡と彼の各作品ごとの問題点を多角的に検討している。上杉聡『脱ゴーマニズム宣言』(東方出版，1997年)。若桑のこの講演が掲載されている『戦争論妄想論』。上杉聡編著『脱戦争論――小林よしのりとの裁判を経て』(東方出版，2000年。なおこの本には「小林マンガの図像分析と受容の理由」と題された若桑の論考が載っており，実際にマンガの図像がメッセージを孕んだ表象としてあざやかに解析されているので，ぜひ参考にされたい)。東アジア文史哲ネットワーク編『〈小林よしのり『台湾論』〉を超えて――台湾への新しい視座』(作品社，2001年)。

> **ノート**　〈癒しとは何か？〉
>
> 　「癒し」がブームである。音楽，本，旅，セラピー，はたまた「援助交際」まで，「癒し」をキャッチフレーズにした市場戦略が繁栄している。そこにカルチュラル・スタディーズが介入しうる問題はないだろうか？
> 　昨今のブームが高度に情報化された資本主義社会のひとつの必然的な結果としてあることは明らかだ。そうした社会に組み込まれていない，たとえば「遊牧民」のような生活を想像してみれば，「癒し」など必要としていないことは明白であり，あくまで「癒し」を求めているのは，「私たち」資本主義社会に暮らし，一定の余暇と経済的余裕を持った消費者の側である。とすれば，ここで避けられない問いは，癒されるのがいったい誰であり，それを可能にしている社会的・経済的・文化的条件は何かということだろう。端的にいって，長時間の残業に疲れたサラリーマンの「癒されたい」という思いと，元「従軍慰安婦」をはじめとする戦争犯罪被害者の「癒されたい」という思いは，そのような条件において根本的に異なる。とすればここで問題になるの

は，「癒し」がもつ差異と分断の構造であり，他者の癒してほしいという声に耳を傾けないですむことが，自分自身の癒しにつながるような状況の権力関係である。「癒し」のそのような偏りをもたらす社会的・経済的・歴史的条件を問うこと，カルチュラル・スタディーズが「癒し」の問題にとりくむ必然性もそこにあるのだ。

7 歴史学の視点

　最後に若桑は，ふたりの学生（ともに千葉大学史学科）による『ゴーマニズム宣言』の解読を紹介することで，小林よしのり批判の可能性を確かめようとする。

　まず小林のファンとしてその作品をずっと読んできた3年生の男子学生は，小林よしのりがギャグマンガ家として一流であるという評価を下し，『ゴーマニズム宣言』の主張が「①個の確立を掲げるゴーマニズム宣言」と「②変革主体としてのゴーマニズム宣言」という2つの流れに要約されるという。①は「物事を絶対的にみて，相対的な視点をもたない」人と，「相対的な視点のみに溺れて主体的な論理を確立できない人，この両方ともいけない」（151頁）という批判から成り立つ。よって「確立された個が連帯する可能性，それも組織によってではなくて，柔らかな個人的な信条にもとづいて結びつく」（151頁）べきだとされる，という。

　もうひとりの女子学生は，3つの肯定的評価を下す。①「社会問題に関心の薄そうな世代にそれを認識させ，主体的に考えさせる契機になった」。②「その社会問題を空疎な論理ではなくて『自分の体験に引き寄せ』て『作者の鋭い皮膚感覚』によって解釈してきた」。③「一般メディア，とくにマンガなどで『語ること自体が忌避されていた題材』，差別問題などにあえて取り組んだ，果敢に挑戦した」（151頁）。この女子学生は「従軍慰安婦」問題を研究するために史学科に入学したので，この問題に対する小林よしのりの扱いにはもっとも怒っているひとりだということだが，それでもこの

ような客観的評価が可能になっている。

　若桑によれば、これら史学科の学生たちは、「大パーティ」に参加した若者たちと小林よしのりを読んで育ったという共通性を持ちながらも、しかし、「歴史認識とか人類の歴史・社会というものに批判的な研究心」を持ち、かつ高度な入試に受かってきた「特権的状態」にあるので、「同じ文化に育った同じ世代ということを考えつつも、それを等し並みに考えるということは非常にまずいこと」（152頁）である。この学生たちが、小林よしのりに対して批判的になった契機は、前者の男子学生の場合は、ほかの本、たとえばナショナリズム研究を読むことによってであり、また後者の女子学生の批判点は、「小林よしのりには資料批判がない」（152頁）からということになる。歴史学の基本として、「知られる限りの資料を客観的に、選り好みせず、イデオロギーなしにきちっと扱うこと、その資料が本当に客観的に基礎づけられたものかということ、使うための信憑性を叩いてから使う」（152頁）という姿勢が、小林よしのりには欠けているというのだ。たとえ20歳の学生でも歴史学の方法論を学んでいれば、小林よしのりの「従軍慰安婦」ものが、「いたるところに資料への無批判性と恣意性、誤謬、誇張」（152頁）があることに気付く。また先の男子学生によれば、「ほんらい小林は国家とか権力というものに反対していたはずだと、ところが教科書問題以降、彼が闘ってきたはずの国家・権力というものに限りなく近づいた」という。このように若桑が紹介する小林よしのり批判に顕著なのは、「教育の成果」である。

　　きちんと歴史学を学ぶ、近代日本政治、近代日本政治思想史を読む、それから歴史認識とはなにかということを学ぶことによって、自分の力で、自らを浸していた『ゴーマニズム宣言』に批判的になるということが行われていくわけです。（153頁）

　さらに、そのように「学ぶ」ことで、小林の「変容」も見破れるようになる、と若桑は言う。

すべてのものに反対するということによって,すべてのものを疑えと言って,すべてのものに反対する人間はゴーマニズムに集まれといったわけですね。そうするとそれは一つの教団を結成することになったわけです。ということは,もはやそれ自体自己矛盾,自己撞着なわけです。その自己撞着を織り込んでしまったところに,小林が売れれば売れるほど,彼自身の「おれを信じるな」というメッセージは反転して「わしだけ／ちょっぴり／信用／するのだ！」というメッセージになるのです。(153-54頁)

　また,「何物にも縛られるな,自我を確立しろ」という小林の若者に向けられたメッセージも反転して,「『個』を安定させるには,いろんな角度からの『しばり』がいる。家族・地域・職場や仲間などの共同体のヨコ軸の中で自分の立場を確認することも大事だが,歴史のタテ軸の中での自分の位置を確認するという『しばり』も,重要な個の安定の要素である」(154頁)となってしまう。そのような「歴史のしばり」の結果,『戦争論』では,「この縛った若者たちを憲法改正,再軍備,戦争へと連れていこうとしている」(154頁)。

　ひとりひとりが自分について,社会について,歴史について学ぶことで,このような文化の呪縛から自己を解き放つこと。マンガを文化によって構成される表現として,さらに文化を構成する重要な要素であると考え,特定の生産と受容の環境のなかでそのメッセージを分析することは,そのような私たち自身の発展の可能性にもつながる行為なのである。

トライアル▷▷マンガと歴史認識

　若桑の文章は,小林よしのりのマンガを歴史の文脈でとらえることで,批判の手がかりをつかむという視点を示唆している。実際,マンガはそのメッセージの直截さと,大衆に受け入れられやすいメディア的特質によって,しばしば戦争や歴史の転換期に大きな影響力を持ってきた。そこで広くベストセラーとなったマンガをひとつ選んで,それがどのような歴史認識のもとに描かれているかを分析し,その歴史的位置を考察してみよう。

| こんな本も読んでみよう　　　　　　　　　　　　　　　（第7章）

1　マンガ・アニメ・アート・ポピュラー音楽・大衆小説を読み解く：

A　楽しみながらも生産と受容の社会的力関係に敏感な研究として――
- A・ドルフマン，A・マトゥラール『ドナルド・ダックを読む』（晶文社，1984年）
- 「特集　少女マンガ」（『イマーゴ』1995年4月号）
- DeMusikInter 編『音の力』（インパクト出版会，1996年）
- DeMusikInter 編『音の力　沖縄「コザ沸騰編」』『音の力　沖縄「奄美／八重山／逆流編」』（インパクト出版会，1998年）
- 上野俊哉『紅のメタルスーツ――アニメという戦場』（紀伊國屋書店，1998年）
- 小野俊太郎『〈男らしさ〉の神話――変貌する「ハードボイルド」』（講談社選書メチエ，1999年）
- 平井玄『暴力と音――その政治的思考へ』（人文書院，2001年）
- 宮原浩二郎・荻野昌弘編『マンガの社会学』（世界思想社，2001年）
- J. A. ウオーカー，S. チャプリン『ヴィジュアル・カルチャー入門――美術史を超えるための方法論』（晃洋書房，2001年）

2　日本の社会はどこへ行くのか？：

A　経済・政治・軍事・イデオロギーの連関を問う――
- 渡辺治『日本とはどういう国か　どこへ向かって行くのか――「改革」の時代・日本の構造分析』（教育史料出版会，1998年）

B　いわゆる「大学改革」について考えるために――
- 「特集　大学改革」（『現代思想』1999年6月号）
- 岩崎稔・小沢弘明編『激震！　国立大学――独立行政法人化のゆくえ』（未來社，1999年）

第8章

性
―「弱者」への応答―

Responsibility is an ability to respond.
（責任とは応答する可能性のことである。）

田崎英明「思考の課題としての「慰安婦」〈問題〉」（近藤和子編『性幻想を語る』近代を読みかえる第2巻，三一書房，1998年，181-201頁）を読む

1 応答責任 （☞第10章，5を見よ）

「責任」を「応答する可能性」としてとらえ直し，他者の言葉や行動を通して，彼や彼女が自分に関わる責めや負担を抱えていることを認識する。そのとき他者は「民族」や「社会集団」の名称で代表される無関係な抽象的存在から，応答すべき個人としての名前を持った相手に変化する。そこで生じる自他双方における相互変革の可能性を，応答責任という。

この問題は，私たちの〈性〉にまつわる領域できわめて尖鋭に問われている。性とは，心と体をつなぐ情動の絆であると同時にもっとも身近な差別のカテゴリーでもあるからだ。性に関する問題における「弱者」にいかに応答するか。当然のことだが，性に関する問題は，人間の身体や精神から独立して存在するわけでもないし，またほかの様々な領域を司る政治的力関係と無縁であることもできない。

20世紀の最後に半世紀を経て，かつて日本軍が侵略・占領した東南アジアの諸地域から，挙げられた女性たちの声，いわゆる「従軍慰安婦」と呼ばれた「日本軍性奴隷制」の被害者にしてサバイバーである人々の出現は，私たちにとって性の問題をそのような歴史の力学との関わりにおいて再考する契機を提起した。この章で読もうとしている田崎英明による論文は，発話と言語表現を支える力学，歴史と記憶をめぐる問い，フェミニズムやジェンダー差別に関する原理的考察を含みながら，50年前の（おそらくこれを読む多くの人々にとっては直接関わりがなかった）問題を，今を生きる自分たち自身の〈性の政治学〉として，ラディカルに問いなおそうとする考察である。

2 歴史修正主義と実証主義

1990年代の日本において「従軍慰安婦」の問題ほど，性・階級・民族にまつわる差別と搾取や，歴史と現在に対する責任をするどく問い返したものはない。1991年の元「従軍慰安婦」金学順（キムハクスン）さんの出現に端を発して，次々

と生身の被害者が補償と謝罪とを要求して社会の前面に現われた。それによりそれまで歴史の闇に埋もれていた，というより，事実として多くの人々が体験していたにもかかわらず意識の奥底に閉じ込められて，旧日本軍兵士の「戦友」の集まりのような場所でときに「思い出話」として語られるに過ぎなかった，加害と被害の実態がしだいに明らかになってきた。そうした流れに反発し，天皇による戦争責任を隠蔽し，アジア太平洋戦争を侵略ではなくアジア人民のヨーロッパ帝国主義からの解放闘争の物語として描きたい勢力が，現在の自己の関心と利益に基づいて「従軍慰安婦」や「南京大虐殺」などの否定や矮小化を主張，自前の中学校歴史・公民教科書の採択を目指した運動を展開したことは，記憶に新しいところだろう。

　そうした運動に対しては，多くの人々によって有効な反論がなされたのだが，田崎の論文は，「自由主義史観研究会」などの「歴史修正主義」（歴史を現在の視点から「相対的」に見ることで，自らのイデオロギー的主張に見合った事実の歪曲をもいとわない立場）に反対する立場をとることでは共通する2つの主張の対立を取り上げることから始まっている。ひとつは歴史の事実の証拠を重視する「実証主義」的立場であり，もうひとつはそれを批判する「反実証主義的フェミニズム」の議論である。田崎が引用する後者の代表である上野千鶴子によれば，「『証拠がない，証拠を出せ』という歴史修正主義者に対して，証拠を示して反論することは，文書資料によって証明されたことのみを真理として認定する『実証主義パラダイム』の承認であり，それは，文書としては遺されない（女たちの）証言から歴史を再構成しようとしたフェミニズムによるパラダイム・チェンジの否定である」（182頁）ということになる。

　「歴史修正主義」自体が，歴史をひとつの物語にすぎないとして，自分たちの関心に沿った「国民国家の正統化のために物語の複数性という議論」（182頁）を動員しているのであるから，たしかに文書資料に基づく事実提示だけで，そのような歴史観を批判することはできないだろう。この点で田崎も上野の批判に同調する。

キーワード 13 ❖〈歴史／物語／証言〉

　田崎も認めるように，上野によるこの実証主義批判はいくつかの点で重要な指摘を含んでいる。第１に歴史をどのようにとらえるかという点について。言うまでもないことだが，過去に起こった森羅万象すべての出来事を記述・記録・再現・表象することは不可能であるから，歴史は程度の差はあっても，ある特定の視点から（それが単数である必要はないが），特定の出来事を抽象し，時間の流れを整序して語る物語とならざるを得ない。そのとき伝統的な歴史学において「事実を証明するもの」として重視されるのが，ここで言われている「文書になって残っている証拠」である。しかし少し考えればわかるように，その「文書証拠」自体も，それが書かれた時点での抽象化と整序を経た「物語」であるに過ぎない。そして物語る行為は，必然的に物語る主体の関心や利益，つまり権力的な位置を反映する。わかりやすい例で言えば，戦争の歴史を物語るのに「勝者」の視点から語るのと「敗者」の視点から語るのとでは正反対の評価や記述となるだろうし，女性の社会進出の変遷を記述する書き手が「男性」であるか「女性」であるかは大きな差異をもたらすだろう。フェミニズムによる歴史の再審を目指す人々が，History＝His story（男の物語）に対して，Her story（女の物語）を主張するのも，そのような語りにまつわる権力関係に敏感であろうとする試みの表れである。

　第２に，証言の重要性に関して。「日本軍性奴隷制」の被害者のように，多くが文書にして証拠を残す能力も時間も与えられず，しかもまったく突然に故郷の村からトラックや船に乗せられ，言葉も生活習慣も違う場所に強制連行された女性たちに，正確な記憶や回想を期待するのは無理だ。なにより現在も残存する彼女たちへの社会的差別や偏見のなかで，あらゆる苦しみやトラウマ（心的外傷。☞この章の６節を見よ）を乗り越えて，自らの過去について発言するという勇気と力だけでも，私たちの想像を絶するのではないだろうか？

　証言を聞き取るとは，そのような彼女たちの体験の矛盾や余人には計り知れない複雑な様相をそのままに受け取ることを意味する。証言の詳細に

食い違いがあるとか，事実関係がはっきりしないといって，それを非難するのは無意味であり，強者による新たな弱者いじめでしかない。あらゆる苦難を越えて生き残り，現在の私たちに証言を伝えてくれるという意味合いを込めて，彼女たちのことを「サバイバー」と呼ぶのもそうした意識の現れである。そしてこのような証言こそが，勝者と敗者を峻別する歴史や男女のジェンダー差に歪められた歴史観を，根底から問い直す契機を提供し得るのである。

　第3に，実証という行為の意味について。数学や理科で学んだように，そのような科目の問題では「証明終り」ということが言われる。「QED（ラテン語で quod erat demonstrandum，そのことは証明されるべきことであった）」，つまり元々「実証可能」であったという前提のもとに事が運ばれているのである。ところが人文学ではなかなかそういかないことが多い。そもそも哲学や歴史，社会学や文学において「証明する」とはどういうことなのか。人間の行う矛盾や行き違いの錯綜した出来事を一元的に「事実として証しする」ことは本質的に困難を伴う。もちろんこのことは，人文学における抽象や理論化の可能性や必要性を否定することではない。むしろ理論化して普遍的な知として共有しようとする姿勢こそが，安易な実証を戒めるものであり，そこでは，ひとつの検証のプロセスがもうひとつの検証のプロセスを導き出すように，果てしない自己検証の過程が重要となってくる（そう考えれば，この事情は多かれ少なかれ数学や科学にも適用されるものだろう）。つまり実証とは，ある立場から終止符を打つのではなく，その立場自体をも含む検証の継続への意志に支えられてこそ，はじめて事実の重みに向き合う真摯な行為の名に値するのだ。上述した歴史学における「文書資料」と「証言」との粘り強いつき合わせの作業による歴史の再構成が重視されるべきなのも，そうした認識のゆえである。（歴史／物語／証言についてのさらなる考察は，☞第9章〈民族〉，第10章〈歴史〉を見よ）。

> **ブック**
>
> 出来事・証言・記憶・物語をめぐる著作は多いが,そのなかでもゆっくり時間をかけて味読してほしい,というより,しばしば立ち止まって自らに問いかけながら読むほかないような,稀有な2冊の本がある。李静和『つぶやきの政治思想』(青土社,1998年)と岡真理『記憶／物語』(岩波書店,2000年)である。

3 パラダイムと発話主体

前述のように同調を示すものの,田崎は上野の議論に疑問をも呈する。まず「ある行為や言説は専一的,排他的にひとつのパラダイムに属する」(182頁)のかどうか? たとえパラダイムが抽象的なレヴェルでの議論設定のための前提ではあっても,そのことは「具体的な個々の運動参加者や歴史家の行為や言説が実証主義パラダイムかフェミニズム・パラダイムのどちらか一方にのみ属するということを意味してはいない」(183頁)はずである。

田崎による,上野のもうひとつの批判対象は,「国民化パラダイム」だ。

> 彼女は「フェミニズムは国民化を批判できなければならない」という当為命題を「フェミニストはナショナリストであってはならない」という別の当為命題に置き換え,さらに,それを「私はフェミニストであるからナショナリストではない」という事実命題にスライドさせているように見える。(183頁)

ここには「民族」に言及した議論はすべて「国民化」パラダイムに属してしまうのだから,ジェンダーに基づく議論と相反する,という二項対立的発想がある。その問題は,徐京植のように「『朝鮮民族』の存在そのものを国民化への抵抗として捉える」(183頁)議論に,上野が応答できないこ

とからも明らかだと田崎は言う。ここで彼が重視するのは，私たちの主体としての発話の位置の問題である。上野による，「日本人が『日本人として』責任を果たそうとすること」は「国民化」の強化を促すだけだ，という危険の指摘は正しいけれども，はたして「日本人として」とか「フェミニストとして」というのは，たとえば上野という個人によって自由に選択することができる「発話主体のポジション」なのだろうか？　ここにはアイデンティティをめぐる他者と自己との関わりの問題がある。

ブック

このあたりの田崎の議論は，この章の最後に挙げる「従軍慰安婦」関係の重要文献のうち，とくに『ナショナリズムと「慰安婦」問題』（青木書店）を下敷きにしているので，くりかえし参照することをお勧めする。

発話主体のポジションを「言表行為の主体」として理解するならば，定義上，それは，言表の中では汲み尽くしえない。言表の主体と言表行為の主体との差異は，言表の内部では埋め尽くされることはない。つまり，「私は日本人として行動しない」という言表は，けっして，その言表の担い手――言表行為の主体――が日本人として行動していないことを保証しないのである。ひとは自分が誰であるかを十全に語ることは，自分だけではできない。（184頁）

話している本人の存在と，話した内容とのずれ。他者の期待や視点，介入によってはじめて保証され明らかになる自己のアイデンティティ。しかもそれは状況によって刻々と変わり得るし，なにより語り手と聞き手との権力関係によって左右される。ここに，なぜある人々が確信を持って「自分は日本人として行動しない」と言え，他の人がそうできないかを解く鍵があるのだ。

4　マジョリティが他者の問いに直面するとき

　田崎は発話の位置に関するわかりやすい例として，「在日」の社会科学者の発言を取り上げる。この場合，たとえ彼が「私は社会科学者として発言している」と明言したとしても，多くの日本人はその発言を「在日としての発言」と受け取るだろう。その発言が民族や国民国家に関するものであれば，なおさらそのように理解される可能性は高まるはずだ。似たような事情が，ジェンダー差別について発言する女性や，ゲイ・レズビアンに関して発言するセクシュアリティの点でのマイノリティの人々についても言えるだろう。彼ら彼女らが，「自分は…として語っている」と言ったとしても，「…」の主体のありようはすでにマジョリティの側によって規定されており，マジョリティの側では自分のそのような優越に気付くことが少ない。つまり，「ある人々に関しては，その言表の内容が過不足なく言表行為の主体について明示的に語っていると見なされ，別の人々については，その言表の内容は無視され，言表行為の主体ばかりが強調される」（184頁）。このような発言の内容と主体をめぐる強者と弱者の分割が，国民国家においても，ジェンダーにおいても，セクシュアリティにおいても線引きされているのだ。

> **トライアル▷▷マジョリティとマイノリティ**
>
> 　このような社会におけるマジョリティとマイノリティとの関係が，顕在化（しかし，一方からは目に見るように明らかでも，他方からは問われないかぎり気がつかない）するのは，やはり〈性〉に関してだろう。あらゆる人間が絶対にどちらかの側に立たざるを得ない性による分割。しかし，しばしばジェンダーという用語によって示される社会的に規定された「男らしさ」や「女らしさ」は，歴史上多くの社会において前者をマジョリティとし，後者をマイノリティとして位置づけることで，たとえば家父長制のような権力構造を温存させてきた。今でもときに耳にする「女のくせに」とか「男にしてください」といった言い方はなるほど陳腐かもしれないが，

> 両者の不均衡な関係を如実に表している。あるいはセクシュアリティとも呼ばれる性的欲望のあり方について。私たちが異性愛者をマジョリティ、同性愛者をマイノリティとする思考は、生物学的に裏づけのあるものというよりは、家族の維持や生殖の都合から生まれてきたという意味で、やはり社会的に構築されたものである。このような分割のあり方を、ほかの領域でも探ってみよう。

ここから田崎は、言表行為を介した自己と他者との関係の根本に踏み込んでいこうとする。

「私は誰々である」という遂行的発話が有効である範囲はどのようにして決まるのか。私の存在をこのように受け取れという私の命令が他者によって受け入れられるとしたら、それはなぜなのか？（185頁）

このような問いに私たちが直面するのは、私たちが「他者」の存在を前にして、特に自分たちの「マジョリティ」としての位置を認識するときだ。「私はこういう人間である」という発言を額面通りに受け取ってくれない他者の出現。つまり先ほどの例で言えば、「私が日本人であることを、言表のレヴェルの、私が語ったり語らなかったり、いいかえれば、主体的に選んだり選ばなかったりできることとして捉える立場は…私たちのいうことをきかない他者の存在を排除しようという欲望に貫かれている」のだ（185頁）。よって田崎によれば、言表行為における自他関係の鍵は、発話の位置ではなく、むしろ聞き手の位置の方にある。私たちはどのような「聞き手」として、元「従軍慰安婦」のような「他者の声」に対面しているだろうか？

5 応答する可能性の有無

田崎はこの問題に関して、私たち多くの日本人が抱えている選択の自由を次のように問う。

他者の声を聞くときに，私たちは「何者として」聞くのかを選べるのか，〔中略〕もしも，選べるのだとしたら，その余裕は何によってもたらされるのだろうか。それは，他者の声にすぐさま応答しなくてもいい，という余裕なのではないか。例えば，植民地支配の下で軍からの命令にすぐさま応答しなければ何をされるかわからない，というような状況に，いま，私がおかれていないから可能になっているのではないか。(186頁)

ここに〈マイノリティ〉の発言をいかに聞くことができるか，という問いの核心がある。植民地支配のような特定の権力関係によって規定された自己と他者，その問いかけと応答の力関係は均衡していない。〈マジョリティ〉である私たちの方は，応答する可能性をつねに温存しており，しかも「どのような者として」応答するのかを考える余裕さえあるのに対して，圧倒的な力関係によって，被害者であることを余儀なくされている者たちは，そのような自由に応答する権利を奪われている。つまり，私たちマジョリティの「法的な権利や，経済力によって支えられている私のこの余裕は，現実に，多くの人々の応答への余裕のなさに基づいているのだ」(186頁)。

とすれば，問題の核心は，このような応答の可能性における差異を，応答する責任の有無にどのように転換するのか，ということだろう。応答すべきなのがどちらの側であるのか，加害の歴史を隠蔽したまま，そこから得てきた利益を享受し続ける私たちの方なのか，それとも被害者として声を挙げたことによって，かえって先に説明責任を負わせられてしまった元「慰安婦」の女性たちなのかは，火を見るより明らかだろう。

トライアル▷▷「アジア女性平和国民基金」

田崎は「従軍慰安婦問題」の「解決策」として，日本政府の呼びかけによって民間の募金で設立された「アジア女性平和国民基金」について次のように述べている。「国民基金〔中略〕はすでに高齢となった元『慰安婦』たちに，日本政府による彼女たちの声への応答の拒否に対して応答しないための余裕をもたない彼女たちに，応答せよ，と求めるのだ。そして，も

しも，彼女たちが応答したなら，それをもって，彼女たちは日本政府による謝罪と賠償が必要ないと承認したものとして，日本政府に見なされてしまう」(186頁）と述べている。田崎のこの発言の意義を確認するために，現在も多くの元「慰安婦」たちが「国民基金」の受け取りを拒否している背景を調べるとともに，私たちにとって「国民基金」のどこが問題であるのか，今後の解決の方向を探る一助として考えてみよう。

6　幼児虐待の記憶とトラウマ

ここでこの論文は，「慰安婦」問題からいったん離れ，フェミニズムの意義について考えるために，アメリカ合州国における幼児虐待とトラウマの考察へと迂回する。トラウマとは，精神医学用語でPTSD（Post-traumatic stress disorder 心的外傷後ストレス障害）にも含まれ，暴力や虐待，突然の災難に見舞われて精神に持続的な影響を与える衝撃を被った状態を指す。トラウマからの回復には，精神的外傷を受けた出来事の記憶を自らの声で物語ろうとする闘いが避けられないのだが，その可能性の実現の前には多くの困難と障害が横たわっている。

ブック

トラウマについては，ジュディス・L. ハーマン『心的外傷と回復』中井久夫訳（みすず書房，1996年)，キャシー・カルース編『トラウマへの探求――証言の可能性と不可能性』下河辺美知子監訳（作品社，2000年)，下河辺美知子『歴史とトラウマ――記憶と忘却のメカニズム』(作品社，2000年）の3冊によって，トラウマからの回復過程，記憶を物語ることの重要性といった思想的・社会的問題の広がりを知ることができる。

アメリカ合州国におけるPTSDに対する関心の高まりに貢献したのは，ヴェトナム帰還兵の精神的外傷からの回復を支援する運動とともに，家庭内暴力や幼児への性的虐待の被害者を支えるフェミニズムの運動であった

という。ところがこのようなフェミニズムの貢献に対する「バックラッシュ（反発）」として，障害の治療やカウンセリングの過程で甦ってくる抑圧された幼児虐待の記憶の信憑性に対して，幼児虐待の嫌疑を掛けられた親たちが，回復された記憶はセラピストやカウンセラーの誘導による事後的構築物にすぎないと主張するようになった。田崎のこの論考では，ここから記憶の構成と「過去の事実」とは何かをめぐる考察が開始される。

　「構成主義的な議論」によれば，「『過去の事実』も，また，現在において構成された何らかの語りによって初めてその真偽が問える」(188頁)。とすれば，すべての歴史的真実は現在の真実であるとする歴史認識も，それぞれの時代に固有の出来事の構成の仕方を明らかにすべきだという歴史の不連続を強調する理解もそれぞれ「構成主義」だと言える。どちらの立場も「過去の事実」が現在の語りによってはじめて存在すると考えるからだ。構成の担い手が前者では現在の歴史家であり，後者では過去の社会の成員という違いはあっても，「事象が歴史的に構成されたものである」ことを知っているのは現在の自分たちである，すなわち「自分自身が構成されたものであることを知っている（唯一の）存在である」(190頁)点では共通している。この歴史の時間をめぐる概念を，先ほどの幼児虐待の回復された記憶の問題に当てはめてみると，次のような問いが生まれる。

> もしも，構成主義的に，真理とは構成されたものであるという立場を採るとしても，その真理とは誰によって構成されたものなのか。記憶を想起した当人によってか。それとも，当人とそれを支援するセラピストやフェミニストの活動家たちとが構成する共同主観性こそが，構成の真の担い手なのか。〔中略〕自分が告発を受けた幼児虐待の嫌疑を否定し，想起された記憶の分有を拒否する家族は，その記憶と過去の真実の構成の担い手のうちには数えられないのか。あるいは，セラピストたちによって構成される記憶および過去と，幼児虐待の事実を否定する家族が主張する記憶および過去は，「過去についての物語」の二つの等価なヴァージョンにすぎないのか。(191-92頁)

7 無力な犠牲者への同一化

　田崎によれば，記憶を語る物語の2つのヴァージョンは等価ではないが「重みの差」がある。そしてその差を測るとき，私たちが避けるべきものに，「犠牲者化の誘惑」がある。

　私たちは，しばしば，もっとも無力な犠牲者に同一化する。その結果，語りのヴァージョンの真実らしさの基準を，その語り手の無力さ，犠牲者としての度合いに求めてしまう。より無力で，より哀れな犠牲者の物語の方が，そうでない者の物語よりも，より一層信頼するに値する，と感じてしまうのである。(192頁)

　たとえば，フェミニズムにおける「犠牲者化」の典型として取り上げられるキャサリン・マッキノンの場合，セックスが「基本的に（男性の）サディズム，暴力的支配として理解」されているので，「女性というジェンダー」は「セックスにおける従属的位置にあるものとして規定」される。「女性の存在そのものを男性の支配，つまり，家父長制の犠牲者として定義するのであるから，逆にいうなら，そのような受動的な，無力な犠牲者でない者は女性ではない」ことになる（193頁）。

> **トライアル▷▷犠牲者化**
> 　犠牲者であることが本物の被抑圧者であることを証明する，という「犠牲者化」の論理はいくつかの問題を孕んでいる。ひとつは問題とされている抑圧―被抑圧関係のなかで，「犠牲」を特定する自己はどのような立場から発言しているかが見えてこないこと。また，犠牲者という言葉を使うことで害をこうむった側の「弱さ」や彼ら・彼女らへの「憐み」だけが強調され，まるで天災のような防ぎ得なかった悲劇の結果であるかのように印象づけられて，現実の力関係の差から生じる加害―被害の構造が隠されること。さらに，誰がより「真正」な犠牲者であるかを探す，被抑圧者のあ

> いだの階層化が起きること，など。このように，表現の仕方によって自己の発話の位置と責任の所在をすり替える例を他にも探してみよう。

　ここで田崎は，「犠牲者化」の欲望にかられるときの私たちの位置を指摘する。そこにあるのは，無力者と万能者との弁証法とも言うべき，他人になりかわって自分の復讐を果たそうとする心理と論理である。

> 私たちが誰かを犠牲者として見出だすとき，何らかの仕方でその力を奪われているものと理解している。力を奪われているという出来事，その取り返しのつかなさを，私たちが介入することで救済するのである。つまり，ニーチェが「ルサンチマン」として，いいかえるならば弱者の復讐として理解した時間性と歴史性の連関構造がここにはある。もちろん，その場合，復讐する弱者とは「犠牲者」と見なされた人々ではなくて，私たち自身のことである。というのは，自分自身の救済者としての全能性を想像することで，私たちは自分自身の無力さを補償するからである。
> 　（193頁）

　よって，このような犠牲者への同一化による自己の救済（犠牲者を救済するという想像によって，自己を全能者として新たに創造すること）から生まれた物語を，回復された記憶の物語と峻別することが必要である。「回復された記憶の問題は，犠牲者と救済者による物語のヴァージョンの自由な書き換えとしては理解されてはならない」（194頁）からだ。たしかに回復された記憶も，事後的に構成されたものであるかもしれない。だが，それは過去が恣意的に書き換え可能であるということを意味しない。歴史や物語が現在の時点から再構成されたものであるとしても，それは取り返しのつかない過去から，「ルサンチマン＝弱者の復讐」の論理によって自分自身が全能の幻想のもとに解放される，ということにはならないからである。これが田崎によれば，元日本軍「慰安婦」への責任と償いの問題を考察する出発点となるのだ。

8 出来事・証言・国民化の語りの時間性

　出来事にはつねに「不意打ち」と「驚愕」の要素がつきまとう，と田崎は言う。それを時間の観点から見れば，出来事とは現在という時間のなかではその存在を知ることができない何かである。つまり，出来事には非現在的な時間性がつきまとうのだ。

　目を開いているかぎりで世界は見えている。いいかえるならば，それは現前 present する。このような知覚する存在＝生き物に対する現前として理解された現在という時間を出来事は回避するのである。出来事は知覚されない。それは，ただ思考されることができるだけである。(195頁)

　しかし田崎によれば，私たちの時間性に対する理解は，「生きられる現在」を「体験」として，「表現に秘められた，その核心としての「体験」を明らかにすること」を目指す「解釈学の伝統」に囚われている。そこでは理解が体験の主体への同一化，ないしは同じ伝統，同じ共同体への従属とされるのだ。

　そして元「慰安婦」をめぐる問題も，そのような「体験の真正性(authenticity)」から争われることがある。彼女たちの体験がどれほど「真正」であり，私たちはどれだけそれに同化できるのか？　その体験は，たとえば「皇軍兵士」よりも「真正」なものだろうか？　すなわち，「そこでは，真正な体験，つまり，生きられた現在は，共同体の伝統を通して保存され，継承されるものと考えられている」ので，その同一化の過程によって「生きているという実感を獲得する」のは，私たち解釈する側の生なのである(196頁)。

　こうした傾向に対して田崎はいくつかの問いを提起する。加害者と被害者は同一化を通して理解しあい，体験を共有し得る（いわゆる兵士と「慰安婦」の心の交流，恋愛などのように）のか？　そのように理解することで，私たち解釈者が満足しているだけではないのか？　「慰安婦」の状況の悲惨さを強調することで，彼女たちの体験の真正さが保証されているので

はないか？　ここでもまた，私たちは，先に「無力な犠牲者への同一化」によって自らの全能性が代償として獲得される構図を見ることができる。

それに対して，田崎は元「慰安婦」の女性たちの今を映した，韓国のビョン・ヨンジュ監督のドキュメンタリー映画『ナヌムの家』に言及して，第1作目では「監督によって撮られる存在」であった元「慰安婦」の女性たちが，第2作目からは，自分から撮影を要求する存在に変化したことに注意を促す。

自分たちを見ろ，自分たちの声を聞け，と命じる存在としての彼女たちの姿がそこにある。私たちに求められているのは，彼女たちを解釈し，その姿に感動することではなくて，彼女たちの発する命令に——その命令を拒否するという選択肢も含めて——応答することである。つまり，そこで賭けられているのは「体験」ではないのである。(197頁)

フィルム

「慰安婦」問題を考える入口にして出口である作品が，韓国のビョン・ヨンジュ監督の三部作である。『ナヌムの家——アジアで女性として生きるということ—2』(英語題名 "The Murmuring : A History of Korean Women"，1995年)。『ナヌムの家II：(英語題名 "Habitual Sadness"，1997年)。『息づかい』(英語題名 "My Own Breathing"，2000年)。

9　「体験」としての性

ここからこの論文はいよいよ核心とも言うべき〈性〉に対する考察を展開する。これまで検討されてきた語り手＝発話の主体との対象との関係，「体験」という概念を介して前者が後者を領有していく過程が，前者の後者に対する性的欲望に注目することで解明される。対象を次々と変換するように見えながら，自己と他者との関係という主題を変奏しつつ肉薄して

いく田崎の思考の運動は目覚ましいというほかない。

　ここで，一九世紀以降，体験の典型として理解されていたのが，恋愛ないし性であったことを思い起こすことは無意味ではないだろう。たとえば，恋愛を主題とした詩であれば，それまでは恋愛の対象である女性の理想化に努めていた語り手の関心が，むしろ，恋する主体である一人称の語り手自身の感情に重点を移していく。つまり，そこで大切なのは，語り手が恋している相手の美しさを理解することではなく，語り手の欲望の真正さを理解することなのだ。(197頁)

　このような性的欲望＝セクシュアリティを中心にして築かれる，体験を重視する「解釈学的共同体＝伝統」は，さらに同性間の欲望についての考察によって，よりその実態が明らかになる。田崎がここで参照しているイヴ・コゾフスキー・セジウィックの議論によれば，ホモセクシュアリティ（同性への愛）という同性間のセックスを伴う欲望と，ホモソーシャリティ（同性が共有する欲望）というセックスを伴わない同性間の欲望を区別する必要がある。そしてその区別によって「解釈学的共同体」の絆のありようも明らかになるのだ。

　私たちの社会では，男性の男性に対する欲望を同一化という軸でしか許容されない。男性が男性を直接欲望の対象とすることは禁じられているのである。いいかえるならば，男性の男性に対する欲望は，男性が女性を欲望の対象とするかぎりで満たされる。「私もあなたと同じ欲望をもっています」というメッセージを通じて，ホモソーシャルな欲望が社会を循環する。体験の共有に基く共同体とは，このようなホモソーシャリティのことなのである。(198頁)

ブック

イヴ・コゾフスキー・セジウィック『男同士の絆——イギリス文学と男性のホモソーシャルな欲望』上原早苗・亀沢美由紀訳（名古屋大学出版会，2001年）。同『クローゼットの認識論——セクシュアリティの20世紀』外岡尚美訳（青土社，1999年）。

同性への欲望を異性への欲望へと変換する装置としての体験の共有と，その結果構築される強固な解釈学的共同体。この共同体の内部にいるかぎり，体験は「解釈者の現在」において解釈され，解釈者は体験者に対する優位を保証される。そうではないような，マイノリティへの同一化による全能化幻想を介した体験の共有による閉ざされた共同体の構築に至らないような，他者への応答の仕方はあるのだろうか？　田崎はこの問いに対して「出来事の時間性」の本質を探ることで答えようとする。

トライアル▷▷ホモソーシャリティ

　私たちにとって，性についての意識や問題は，自分が「男」であるのか「女」であるのか自問し始める幼児の頃から，自らのアイデンティティと他人の認識に関するもっとも根本的な問いを形成している。それが社会の構成原理としていかに重要かを示唆するのが，ホモソーシャリティという発想だ。ホモソーシャリティとは耳慣れない用語かもしれないが，すでに見たように，性欲という一見個人的で本能的なものに過ぎないように思われる人間の欲望が，実は私たちの暮らす社会の構成にきわめて重要な役割を果たしていることを示す概念である。性的役割の峻別にもとづく男女の分業が規範とされる社会では，同性同士の恋愛や性交は社会的標準からの逸脱とされ，表向きは指弾され抑圧されて，裏では特殊な条件のもとに許容される。

　そのような共同体において，ホモセクシュアリティという同性への欲望は，多くの場合，支配的な性を自認する男性によって，ホモソーシャリティへと転換される限りにおいて，社会的に容認される欲望の形となる。よっ

てしばしば男性同士のホモソーシャルな絆という名目の下に，同性への恋愛を実践しようとする男性に対する差別や暴力「ホモフォビア（同性愛嫌悪）」が発動されたり，「マチズモ（男性至上主義）」が容認されたり，女性への共通の欲望を強制された反動として「ミソジニー（女性嫌悪）」が正当化されたりすることが起こり得る。そうした暴力的な物言いや行為の前提となっているのは，自らの「おとこ性」を優位に置き，差別しようとする相手に劣等な性をしか認めようとしない態度である。私たちにとって性がこれ以上のものはないほど身近である以上，誰もこのホモソーシャリティの問題から逃げることはできない。

そこでまず，この概念が「男同士の絆」を表す場合が多いということをどのように考えたらよいか，「女同士の絆（しばしばシスターフッドと呼ばれる）」は，この概念とどのように重なり，どうずれるのか，考えてみよう。単に「同性愛者差別はよくない」「誰もが自分の欲望に忠実であるべきだ」と言うだけなら簡単だ。しかし差別や抑圧は，社会的に構造化されており，私たちの価値観を内面から規定している。私たちが生きているのは，あくまで異性愛者がマジョリティであり，そうでない者に優越感や同情を覚え，偽善さえ装うことの容易な社会なのだ。性に関してはマジョリティもマイノリティもともに当事者である。同性愛者にとって不幸な社会が異性愛者にとっては幸福といえるのだろうか。幼少の頃から身体のうちに叩き込まれたホモフォビアとマチズモとミソジニー，その総体的原理としてのホモソーシャリティが，自分の経験する日常的な場面でどのように表れてくるのか，まずトライアルすべきは，この問いだ。

10　出来事の不意の到来

　体験を共有して閉じた共同体のなかで解釈の伝統を守るのではなく，出来事へと開かれた思考のあり方へ。その鍵は私と他者との時間のズレにある。元「慰安婦」の女性から応答を求められたとき，返答に窮するとすれば，それは私と彼女が同じ時間を共有していないからではないか，と田崎は問う。その時だ，「負債」が私に負わされ，「責任」が生じるのは。

責任が生じるのはどのようなときか。それは，私が相手に適切な時間に——つまり，間髪をおかずに——返答できないときである。だが，なぜ，私は適切に返答することに失敗するのか。それは，そもそも出来事の時間が現在時を欠いているからではないのだろうか。いいかえるならば，出来事の到来こそが，私に負債を負わせ，責任を生むのである。そして，命令とは，この出来事の本質なのである。(199-200頁)

命令する者と，解釈する者。出来事の主体と，体験の主体。応答を求める存在と，応える責任を負う存在。過去を現在として生きた個人の主観と，現在から過去を知覚し構成しようとする共同主観性。前者のような「思考する存在」に向かうためには，後者だけに依存しないような思考の実践が求められるのである。

11　証言と出来事の分有

そして歴史認識における「証言」の重要性を考えるとき，それが複数の命令がせめぎあっている場であることを忘れてはならない。文書資料と証言のどちらを重視するかという問いの立てかたは，「容易に体験の真正性の重視と混同される」(200頁)おそれがあるからだ。

証言が重視されるのは，つねに，証言というものは，そのひとつの声そのものにおいて「この声を聞け」という命令と「この声を消せ」という命令とが相争っているからなのである。証言において私たちは誰が命じているのかを思考せざるをえないからこそ，証言のもつ意味が深く思考されなければならないのである。(200頁)

証言する声のなかに，真正な体験を探して弱者との同一化の契機とするのではなく，書かれた資料であろうが，聞き取られた言葉であろうが，「思考」を通して出来事に迫ること。「国民化の語りの時間性」が，「書かれた

もののうちに真正な体験の声を聴き取るという機制」によって，「国民」だけが理解し共有する体験を核にした「解釈学的な共同体」を構築するものだとすれば，そこから排除された表象不可能な「誰によっても生きられることのなかった時間，ただ思考されることしかできない時間」(200-201頁)こそが，「慰安婦」〈問題〉という対象にほかならない。そしてそれは思考の対象であって，知覚や表象の対象ではないということによって，体験としてではなく出来事として，私たちすべてに開かれているのである。田崎の結論を聞こう。

> 生きている者によって知覚することも表象することもできないような激しい苦しみは，まさにそのゆえに，すべての者に対して開かれてしまう。それを体験した者を含めて，誰も，その苦しみを「自分だけのもの」として独占することはできない。しかし，いうまでもないことだが，その苦しみへと接近する道は同一化にあるのではなく，あくまで思考である。殺す者と殺される者はひとつのできごとを分有しているが，それは，殺す者と殺される者との何らかの同一性を意味しているのではない。そうではなくて，全く何の伝統も共有しない者たちのあいだであったとしても——いささかも生きられた現在を共有しない者たちのあいだであったとしても——，そこには思考可能な出来事の分有があり，取り返しのつかない何かが起こったのであり，責任が生じるのである。(201頁)

弱者である他者と強者になりたい自分とを循環する欲望の回路は，性をめぐる問題に典型的に現れる。解釈の対象として特権的位置を与えられてきたセクシュアリティを同一化と共有と国民化の回路によってではなく，全き他者との出会いを通して，どのように外に押し開くことができるのか。「分有＝分割 partage」という言葉が示唆するように，共有 share することが不可能で，共同体の構築を前提としない「分け合い＝わびあい」のありかたとはどのようなものなのか。限りなく一回性のかけがえない出来事が，思考という，収束することのない永遠の行為責任を要請するのは，民族や

国民や伝統に収斂しない，そのような共存の可能性のゆえである。

トライアル▷▷「出来事」への応答

　田崎のこの論考は，性というカテゴリーにおけるマイノリティの問題に対して，フェミニズムやホモソーシャリティの検討を介しながら，応答すべき自己のありかたを言表・解釈・表象・知覚といった私たちの基本的な行為についての原理的省察を通じて迫るものだ。ここでは，性が個人の欲望にとどまらず，社会的共同体を構築する機制でもあることが明快に説かれている。

　さてこれを読んだ後で，私たちにとって「従軍慰安婦」という「出来事」はどのように『思考可能』なものとなっただろうか？　田崎は結語として，「出来事は『思考せよ』と命じる。出来事はそのような呼びかけである。そして，責任は思考されねばならないのであって，ただ単に感じられるばかりのものではないにちがいない」（201頁）と記している。この国で繰り返される元「慰安婦」に対する「おわび」や「反省」の言葉が，なぜ彼女たちへの応答にならないのか？

　たとえば，映画『ナヌムの家』3部作における彼女たちの証言を聞いた私たちはどのような「負債」を負うことになるのだろうか？　日本政府による公式謝罪，責任者の追及，被害者への補償，資料館・記念館の設置などを含めた次代の教育に向けた措置，などといった彼女たちの具体的要求に応えていないことを踏まえて，彼女たちの呼びかけに対して私やあなたにどのような応答が可能なのか，この論文が終着点として目指してきた「責任」の具体的なありようを話し合ってみよう。

ブック

　日本の戦争責任の問題は，私たちのカルチュラル・スタディーズにとって，きわめて身近に存在する試金石であり，〈従軍慰安婦〉問題はその焦点である。この問題については，次のような本によって，基本的事実を知っておくことがまず出発点となる。

吉見義明『従軍慰安婦』(岩波新書, 1995年)
吉見義明・林博史編著『共同研究　日本軍慰安婦』(大月書店, 1995年)
鈴木裕子『戦争責任とジェンダー――「自由主義史観」と日本軍「慰安婦」問題』(未来社, 1997年)
上野千鶴子『ナショナリズムとジェンダー』(青土社, 1998年)
日本の戦争責任資料センター編『ナショナリズムと「慰安婦」問題』(青木書店, 1998年)
バウネット・ジャパン編『日本軍性奴隷制を裁く――2000年女性国際戦犯法廷の記録』全5巻 (緑風出版, 2000-2002年)
バウネット・ジャパン編『裁かれた戦時性暴力――「日本軍性奴隷制を裁く女性国際戦犯法廷」とは何であったか』(白澤社, 2001年)

　ここからたとえば応用問題として，戦後補償の問題，女性に対する性暴力の問題，戦争の記憶をいかに教えるかという教育の問題，日本国の歴史に直接関わる「在日」の人々に関わる問題，現実の暴力的出来事の衝撃をどのように受け止めるか，といった問いが生まれてくるはずだ。

　私たち自身が生きている日常は，一見知らない振りをすれば済んでしまうような〈他者〉からの問いかけと，しかしそれを無視してしまってはどんな〈自己〉もあり得ないような重い問いを孕んでいることを忘れないでほしい。政治，言説，イデオロギー，権力関係，すべて単なる言葉ではなく，私たちの一刻一刻を支配し，色付けている具体的な存在なのだから。

こんな本も読んでみよう　　　　　　　　　　　　　　　　（第8章）

1　ジェンダーは社会的な性差というけれども：

A　さまざまな観点からこのカテゴリー自体を問題化する試みとして──
- ▶アドリエンヌ・リッチ『血・パン・詩』（晶文社，1986年）
- ▶エレイン・ショーウォルター編『新フェミニズム批評』（岩波書店，1990年）
- ▶彦坂諦『男性神話』（径書房，1991年）
- ▶レオ・ベルサーニ『ホモセクシュアルとは』（法政大学出版局，1996年）
- ▶ジュディス・バトラー『ジェンダー・トラブル──フェミニズムとアイデンティティの撹乱』（青土社，1999年）
- ▶「特集　ジェンダー・スタディーズ」（『現代思想』1999年1月号）
- ▶竹村和子『フェミニズム』（岩波書店，2000年）
- ▶斎藤美奈子編『21世紀文学の創造7　男女という制度』（岩波書店，2001年）

B　ポストコロニアルなフェミニズムの介入として──
- ▶トリン・T.ミンハ『女性・ネイティヴ・他者──ポストコロニアリズムとフェミニズム』（岩波書店，1995年）
- ▶ベル・フックス『ブラック・フェミニストの主張──周縁から中心へ』（勁草書房，1997年）
- ▶江原由美子『性・暴力・ネーション』（勁草書房，1998年）
- ▶上野千鶴子『ナショナリズムとジェンダー』（青土社，1998年）
- ▶リサ・ゴウ，鄭暎惠『私という旅──ジェンダーとレイシズムを越えて』（青土社，1999年）

2　セクシュアリティの多様さを可能性として開くために：

A　ゲイ・レスビアン研究，あるいはクイア理論の試みとして──
- ▶「特集　クィア・リーディング」（『ユリイカ』1996年11月号）
- ▶K・ヴィンセント，風間孝，河口和也『ゲイ・スタディーズ』（青土社，1997年）

第 9 章

民族
──断絶を超える架け橋──

Remove your feet.
（その足をどけてくれ。）

徐京植「断絶」（『プリーモ・レーヴィへの旅』朝日新聞社, 1999年, 158-70頁）を読む

1 弱者の痛み，強者の無関心

　足を踏まれている者の痛みは当人にしかわからない。しかし，それを痛いといい，「その足をどけてくれ」ということはそれほど簡単ではない。ましてや足を踏まれているのが，マイノリティ，すなわち性や民族や階級などの社会的・文化的カテゴリーにおける弱者である場合には。なぜならたとえ，勇気をもって，痛いから止めてくれ，と告発したとしても，社会の大勢を占めるマジョリティの側では，なぜそんなことを言うのか無理解であるか，自分自身には関係のない問題として無関心であるか，同情を示しつつ「でも痛いのは君だけじゃないのだから」と我慢を説くか，あるいは「それは甘えだ，不満ばかり言うな，嫌ならここから出ていけばいい」などと，排外的になるかのいずれかであることが多いからだ。いずれの場合も，マジョリティの側では，自分が踏んでいる側，踏む可能性のある側であることには鈍感で踏まれている当人の痛みに想像力が及ばない。

　さらに踏む立場にある方では，自分自身に痛覚が欠如しているのみならず，自らを中立で透明で偏見のない考えの持ち主だと思っていることが多いのだ。そのような立場から見ると，「痛い」と文句を言う者は，「不満分子」であり，「ならず者」であり，「民族主義者」であり，「政治的思想の持ち主」であり，「テロリスト集団」などとされる。足を踏む側の人間は，自分たちが「自由民主主義」なるごく一部の人間の利益に奉仕する「政治的思想の追随者」である，ということは思いもよらないらしいのだ。だから，「痛い」と叫び，「どけてくれ」と願い，「なぜそうなのか」を説明し，結局は沈黙を強いられるのは，つねにマイノリティの方である。

　どうしてこのような理不尽なこと（第三者から見れば——しかしこの場合，「第三者」は存在しない）が起こり続けるのか？　徐京植のこの文章は，ユダヤ系イタリア人の化学者でアウシュヴィッツから生還したプリーモ・レーヴィの文章と生涯を題材に，〈民族〉によってもたらされた，この不条理な断絶を省察した，珠玉の思考と表現に溢れた本のなかの一章である。

2 プリーモ・レーヴィの生と死

　簡単にレーヴィの生涯とその時代背景を辿っておこう。レーヴィは1919年，奇しくもドイツでナチス（国民社会主義ドイツ労働者党）が結成された同じ年にイタリア北西部のトリノ市に生まれた。1933年のアドルフ・ヒットラーによる政権掌握，1938年のドイツによるオーストリア併合，イタリアでの「人種法」発布，1939年のドイツによるポーランド侵攻，1940年のアウシュヴィッツ収容所建設開始，イタリア参戦，1942年のヴァンゼー会議の決定を受けたドイツ占領下のユダヤ人の絶滅収容所への移送開始といった時代状況のなかで，1941年にトリノ大学を卒業したレーヴィは，反ファシズムのパルチザン闘争に参加，1943年末ファシスト軍に逮捕される。1944年にアウシュヴィッツへ移送され，モノヴィッツ収容所（通称ブナ）で強制労働に従事する。1945年1月，ソ連軍によるアウシュヴィッツ解放。その時点で約6万5千人の囚人が生存していたと言われるが，大半は撤退したナチスが連行していったため，解放されたのは約7千人，そのうちの1人がレーヴィだった。

　彼はソ連，東欧を経て1945年10月にトリノに生還，その後，化学会社に就職した。「アウシュヴィッツ体験」を証言すべく，『これが人間か』（1947年），『休戦』（1963年），『周期律』（1975年），『今でなければいつ』（1982年），『溺れるものと救われるもの』（1986年）ほか，短編集や詩集など数冊を出版する。だが1987年，トリノ市の自宅で自らの命を絶った。

ブック

　日本語で読めるプリーモ・レーヴィの著作は以下の通り。

『アウシュヴィッツは終わらない』竹山博英訳（朝日選書，1980年）

『周期律』竹山博英訳（工作舎，1992年）

『今でなければいつ』竹山博英訳（朝日新聞社，1992年）

『休戦』竹山博英訳（朝日新聞社，1998年）

『溺れるものと救われるもの』竹山博英訳（朝日新聞社，2000年）

徐京植のこの著書は，トリノ市郊外のレーヴィの墓を訪ねる自らの旅と，自分自身の生のこれまでの軌跡を重ね合わせながら，レーヴィの著作を丹念に読むことを通して，レーヴィの自殺という答えのない問いに迫ろうとする魂の出会いの記録である。そこから浮かび上がってくるのは，ほかでもないかつての冷戦状況により分断された東アジアに生きる私たち自身の問題なのだが，まずは「断絶」と題されたこの章を読んでいくとしよう。

3 収容所における断絶

1944年の末，プリーモ・レーヴィを含む3人の囚人が，「ブナ」の研究室の作業に配属された。ブナとはアウシュヴィッツ近郊のモノヴィッツ収容所の通称で，ドイツの大企業 I. G. ファルベン（イーゲー）の化学コンビナート建設のための労働力供給を目的とした強制労働収容所である。ブナという名は合成ゴムの成分であるブタジェンとナトリウムの頭文字から来ているという。アウシュヴィッツはポーランド南西部の小さな町で，本来の地名オシフィエンチムをナチス占領後にドイツ式に改称した。「アウシュヴィッツ」とは，1940年に開設されたこの町の第1収容所（周辺の収容所群を統括する基幹収容所）と，そこから北西に3キロほど離れたビルケナウの第2収容所（1941年～），さらにモノヴィッツの第3収容所（1942年～）を中心に，周辺地域に存在した45の強制収容所群の総称であり，そこで110万から150万人（その9割がユダヤ人）が殺されたと言われている。このような絶滅収容所は，アウシュヴィッツのほかに，トレブリンカ，ソビブル，ヘウムノ，マイダネク，ベウジェツなどが知られており，これらの収容所やほかの場所でのユダヤ人犠牲者は概数600万人と言われている。ナチス・ドイツによる「絶滅政策」の犠牲者は，ユダヤ人だけでなく，「ジプシー」と呼ばれたシンティ・ロマ人，同性愛者，身体・精神障害者，新興宗教の信者，政治犯，戦争捕虜などにも及んだ。

フィルム

　ナチスによる「ユダヤ人絶滅政策」を考えるための，入口にして出口である作品のひとつとして，クロード・ランズマン監督の記録映画『ショアー』がある。「慰安婦」問題における『ナヌムの家』と同様，これも現在の生存者（被害者のみならず加害者をも含む）の〈証言〉によって作られた映像である。

　それでは，レーヴィの収容所での生活はどのようなものだったのだろう。

　「ブナ」の研究所は強制労働とは言え，「暖房のある部屋でのデスクワーク」であるから，ほかの囚人よりは楽な労働だ。しかし，そこでレーヴィは，自分たちのみすぼらしい姿と研究所で働く娘たちとの差異を目の当たりにせざるを得ない。〔中略〕この娘たちはすべすべしたばら色の肌を輝かせ，清潔で暖かそうな服を着て，長い金髪を美しく整えている。話し方は優雅で上品だ。囚人独特のかすかに甘ったるい臭気に顔をしかめる。飢えている彼らの視線もはばからずジャムつきパンを食べる。彼ら囚人とは直接口もきかない。(159頁)

　I. G. ファルベンに雇われたドイツの民間人として「クリスマス休暇をどう過ごすかのおしゃべりに興じる」彼女たちと，「文字どおり永劫の囚われ人であるレーヴィたち」とは，同じ労働場所を共有しながら，人間としての接点がない。民間人にとって囚人は本質的に差別に値する存在だと見なされているからだ。

　囚人たちは「泥棒で，信頼できず，どろだらけで，ぼろをまとい，死ぬほど飢えている」。それは収容所という地獄の暮らしが急速に彼ら囚人にもたらした変化なのだが，民間人は「原因と結果を混同して」，囚人たちが「こうしたおぞましさにふさわしい存在」だと判断してしまうのである。(159-60頁)

このような民間人の態度のなかでもレーヴィが忘れることのできなかったのが，ブナで彼に化学の知識を試験したパンヴィッツ博士の「別世界に住む生き物が，水族館のガラス越しにかわしたような視線」だった。その視線こそが，レーヴィにとっては，こちら側とあちら側の「断絶」の証しだったのだ。

　それは「廃棄にふさわしい物質」を前にして，利用できないかどうか点検する視線だった。それほどまでの無視と蔑視が当然のこととしてまかり通っていた。世界は真っ二つに断絶していたのだ。民間人と囚人，アーリア人とユダヤ人，貴族と賤民，奴隷主と奴隷，人間と人間以下，こちら側とむこう側〔後略〕。(160頁)

同じ「人間」同士であるはずなのに，このような断絶がどうして起こってしまうのか？　時代が悪かったのだ，自分は命令に従っただけだ，組織に属していたかぎり自分にはどうしようもなかった，内心は同情していたのだが，私もあなたと同じ犠牲者なのだ，もう過去のことは悪い夢だと思って忘れよう…。過去の差別や暴力を言い逃れようとするこうした言い方は，さまざまな事例において蔓延しているが，被害者（「犠牲者」という加害と被害の明確な構造を曖昧にしてしまうような名称ではなく）として聞きたいのは，そうした口実ではなく，加害者がどのような気持ちでそうした態度をとったのか，その本当の理由である。レーヴィも「復讐のためではなく，人間の心に対する興味のため」(160頁)に，解放後そのような民間人に会ってみたかったという。一般のドイツ人たちは，アウシュヴィッツや他の地域での虐殺について知っていたのだろうか，知っていたとすればどうして人々は黙ってそれまで通り日常生活を続けていられたのだろうか，ということを知るために。

キーワード14 ◈〈視線と権力〉

　この「視線」による自と他の差別・断絶という問題は，第5章〈都市〉における「近代のまなざし」や，第8章〈性〉での「他者に同一化しようとする言表行為」といった考え方に通底するポイントである。この問題は，一方の側が他方を排他的に表象する権利を持つことや，歴史叙述において特定の記述言語を持つ者がそうでない者を歴史の客体として一方的に描くことなどに典型的に現れる。ナチス・ドイツの「民族絶滅政策」も，そうした視線による自他の線引き作用のひとつの論理的帰結だったのではないか。そのような差別の暴力は現在の私たちの社会にもさまざまな形で残存している。

　たとえばポルノグラフィやアダルトビデオが典型的なように，見る者（この場合多くは男性）と見られる者（女性）とのあいだには，観客・消費者と演者・提供者という関係に止まらず，性的欲望の画一化や単純化を通じた，支配する者と支配される者，暴力の加害者と被害者という関係が疑似的にせよ幻想的にせよ，成立する可能性が高い。よってそうした娯楽の生産と消費は，現実の社会における男女の性役割の不平等やドメスティック・ヴァイオレンス（家庭内暴力），セクシュアル・ハラスメント（性的嫌がらせ）の構造を問題視するのではなくむしろ，容認するような心情に支えられていると言える。むろん，そのような権力関係自体を問い，女性の視点から作られたポルノグラフィも可能だろう。

　また，視線が一方的なものでなく相互的なものであるかぎり，「見返す，まなざし返す」という反発や，「無視する，はぐらかす」という抵抗も存在するはずであり，視線による権力作用をその場その場の状況を捨象して一般化して論じることはできない。よって，あくまで特定の視線を通じた権力作用を，自分の身近にある関係や，広告，ビデオ，テレビドラマ，映画など，さまざまな表象を題材として具体的に検証してみることが，その政治性を明らかにするのに必要な作業となる。

4 「加害者」との再会

　1967年，アウシュヴィッツからの解放後22年たって，レーヴィの民間人に対する疑問に答えてくれる機会がやっと訪れる。ある偶然からブナの研究室に出入りしていた民間人のミュラー博士という人物と連絡が取れたのである。ブナでは，こちら側に相手を見つめる目がないかのような態度を取っていた「あちら側のものとの出会い」(163頁)，それは復讐のためではなく，レーヴィ自身が今後生き抜いていくために是非とも必要なことだったのだ。ミュラーからの返事には，「それ［2人の個人的出会い］は私にとっても，あなたにとっても有益で，あの恐ろしい過去を克服するために必要である」と書かれていた（164頁）。

　この「過去の克服（Bewältigung der Vergangenheit）」という言葉が鍵である。レーヴィは最初そこに，「赦免のようなもの」を自分に期待しているミュラーの気持ちを感じたが，後になってこの言葉が，ドイツ語の決まり文句，婉曲語法として「ナチズムの贖罪」を意味し，過去を正面から見つめるよりは，むしろ過去を歪曲することに重点が置かれていることを知る。そしてミュラーからの再度の手紙もそのような態度を立証するものだった。

　　ミュラーは「アウシュヴィッツの出来事を，区別なしに『人間』のせいにしていた」。
　　ミュラーはブナの実験室でレーヴィと「対等な人間同士の，友情に近い関係を結べた」と断言していた。レーヴィと「化学上の問題を論議し，そうした状況で，どれだけ『貴重な人間的価値が，単なる野蛮さから，他の人間によって破壊されているか』考え込んだ」と述べていた。レーヴィにはそんな記憶はない。それはあのブナでは現実離れした話だった。「おそらく善意から，都合のいい過去を作り出したのだろう」。(165頁)

第 9 章　民族

> **トライアル ▷▷ 人間主義**
> 　ここでは「人間」という言葉の持つ壮大で普遍的な理想と，現実の自己の矮小さを押し隠す欺瞞との相剋が描かれ，結局のところは強い者が現状を肯定し過去を自ら免罪する機能が暴かれている。歴史上，たとえば植民地支配や帝国主義・資本主義による搾取，戦争による虐殺の正当化のために，このような修辞は多く使われ，また現在もメディアなどを通じて流通してはいないだろうか。そのような言葉や表現を探して，歴史におけるその役割や現在の機能を確認してみよう。

　さらにミュラーは手紙の中で，ブナの工場がユダヤ人の「保護」のため建設されたのであり，自分はアウシュヴィッツ滞在中もユダヤ人殺戮についてまったく知る由がなかった，と書いていたという。ミュラーのような典型的な民間人の態度について，レーヴィは次のように結論する。

　　逆説的で，腹立たしいが，例外ではなかった。当時，静かなるドイツ国民の大多数は，できるだけ物事を知らないように努め，従って，質問もしないようにするのを，共通の技法にしていた。明らかに彼も，誰にも，自分自身さえにも，質問をしなかったのだ。晴れた日には，ブナ工場からも，（収容所で死体を焼却する——引用者注）焼却炉の火が見えたというのに。（165-66頁）

　自分自身に問いを発するということは，それほど易しいことではない。ことに問いを発するという行為自体が，自分が属する組織や自分自身に有形無形の不利益をもたらし，自らの存立基盤を脅かすような場合には。ミュラーはそのような，私たち自身もそこに含まれる可能性があり，私たちの周りに日常的に多く見受けられる人間の典型だったのだ。

　ミュラーは善意で小心であり，正直で無気力だった。大多数のドイツ人と同じように，無意識のうちに当時の自らの無関心や無気力を正当化し

ようとしていた。直接の加害者でなかったとしても，少なくともナチの犯罪の加担者ないし受益者だった人物が，犠牲者に向かって，重々しい口調で，「敵への愛」や「人間への信頼」を説くのである。そのことの浅薄さ，いやらしさ…。しかも，彼が頑固なナチだったなら話は単純だったのだが，当惑させられることには，「過去の克服」を願っているというのである。(166頁)

レーヴィはミュラーへの返事の下書きに「アウシュヴィッツに対して，すべてのドイツ人が，そして人類全体が責任があり，アウシュヴィッツ以降は無気力であることは正当化できないのである」(167頁)と書いていたが，結局会合はミュラーの突然の病死により実現しなかった。しかしたとえ実現したとしても，多くが期待できただろうか。ここまでレーヴィの叙述を丹念に追ってきた徐は，まとめとして次のように明言する。

世界は依然として断絶したままである。それどころか，断絶はますます絶望的なものになっている。むこう側とこちら側とでは，「愛」や「人間」という言葉の意味さえ互いに通じないのだ。(167-68頁)

なぜ徐はこのように確認せざるを得ないのだろうか？　それは言うまでもなく，レーヴィの著作を読んできた結果だけでなく，徐自身が日本という国に「在日朝鮮人」として暮らして得た確信がそこにあるからだ。ここでふたたび問題は，私たち自身に返ってくる。

5　ミュラーのような日本人

徐のこの著書では，レーヴィの体験がくりかえし徐自身の体験に照らし合わされて検証され，著者自身のなかで深められて，私たち「日本」の読者への問いかけとして研ぎ澄まされていく。この章の末尾の数頁もまた，そのような試練を私たちに課さずにはおかない。それは次のように始まる。

ところで，ミュラーのような日本人になら，私もしばしば出くわすことがある。

　日本には以前から，あれは「時代」が悪かった，「戦争」というのはそういうものなのだ，一部の「狂信的軍人」が暴走したのであり国民も天皇も「事実を知らされていなかった」のだ，と言い張る人々がいる。朝鮮の植民地支配については，日本がやらなければロシアがやったはずだ，結果は不幸だったが日本は遅れた朝鮮人を日本人なみに引き上げようとしたのだ，その「善意」は認めるべきだ，などと主張する。(168頁)

先ほど私（本橋）自身が書きつけた「加害者の口実」に似た文言をここに見出だして，認識の確かさにほっとしたのも束の間，徐は「だが，私の『ミュラー』はこのタイプではない」とすぐに続けて，私たち読者を安心させるどころか，さらなる自問へと導くのだ。

私の「ミュラー」もまた，私に，「なぜ，そんなに不安そうにしているのですか？」と，一見誠実そうな無頓着さで尋ねるのだ。あるいは，「なぜ，そんなに怒っているのですか？」とか，「なぜ，悲しんでいるのですか？」とか〔中略〕。不安や怒りや悲しみの原因に自分自身もかかわっているかもしれないなどと，彼らは想像もしてみないのである。(168頁)

「なぜ，どうして」という問い方の持つ暴力性。思い出したくない，語ることのきわめて困難な受難と被害の体験を，なぜ犠牲者のほうが無知な傍観者に説明しなくてはならないのだろう？　説明責任を弱い立場にある他者に押しつけることで，自分の応答を避ける狡猾さ。多くの場合それらは政治的に絶対優位な位置関係によって支えられているので，ほとんど無意識の次元で反復されている。自分がそのような抑圧するマジョリティの側にいることを疑い出した途端に，とてつもない責任を負わされるのではないか，と内心臆病になりながら，それを博愛主義の衣でくるむのだ。徐は続けて言う。

彼らはたいてい，自分のことをヒューマニストで平和愛好家だと堅く信じている。話していてくつろいでくると，韓国に旅行したことがあるとか，親しい友人に「在日の人」がいるとか言い始める。自分は自分を日本人だと思ったことはないとか，自分は「在日日本人」だとか，理屈に合わないことを言う場合もある。だが，しばらくすると，いったいいつまで謝ればいいんですかね，と日頃の疑問をちらりと口に出してみる。そして，こちらが何か言おうとする前に，いまや「国際化」の時代なんだからお互いに「未来志向」で「共生」していかなければいけないと，空疎なキーワードを並べたてるのである。(168-69頁)

　端的な事実として，多くの「在日朝鮮人」にとっていまだに日本の国籍条項ゆえパスポートの取得も困難であり，「韓国旅行」さえ簡単でないことなどの理不尽な現実はこうした自称「ヒューマニスト」には見えないか，あるいは知っていても見ようとしない。そのような現実を前にして，誠実に対応しようとすれば口ごもらざるを得ない。「在日」の人間として単に自らを「犠牲者」にあつらえたところで何も解決しないことを知り尽くしている側では，何らかの共有可能な具体的提言や問いを発しようとして考える。するとその間にマジョリティであることさえ意識しないですんでいる側は，ポストモダンだのグローバルだのポストコロニアルだのディアスポラだのと御託宣を垂れはじめる。
　そして徐によれば，そのような態度は「日本人」に止まらず，なべて「民族」を否定的にしか評価しない人々に共通するのである。

トライアル▷▷「在日」と「日本人」

　ここで徐によって批判されている，口当たりのいいはやり文句，「自分は日本人は嫌いだ，むしろ日本人というより在日の人と同じ在日日本人と自覚している」とか，「これから国境のない時代を迎えるにあたって，共生していきましょう」などといった物言いは，はたして私やあなたのような「普通の日本人」と関係ない，と言い切れるだろうか？　むしろ，それなりに

> 日本と朝鮮との歴史的関係を勉強し，それなりに「在日」の人々が置かれた現状をも理解しているはずの私たちが，そのような差別や抑圧状況の外に自分自身を置き，「中立で公正で第三者的な」立場を維持しようとするとき，出てくる言い方ではないだろうか？ そのように言う／言いたい自分自身を含めた「日本人」の心理構造を掘り下げ，きちんと論理的に（自己）批判することは，口で言うほどやさしいことではない。ある社会や共同体において，既得権益を握っている者，優位にある者，他人の足を踏んでいる者にとって，そうでない，足を踏まれた者の痛みを想像し，そのような構造を変えようとすることは自分の利益を損なうおそれがあり，自分のよって立つ基盤を問い直すことにつながるからだ。しかしそのような問い直しなくして，自分にとっての本当の幸せを考えることもできないというのは自明のことだろう。
>
> まずは，そのような（自己）批判の土台として，「在日朝鮮人」を含む多くの「在日」の人々が現在この国で被っている，教育や就職，福利厚生，政治参加などにまたがる具体的・日常的な社会的差別の実態を調べてみよう。そのことは自己と他者の関係を知る出発点となるはずだ。

6 「民族性」の超越とは？

「ミュラー」のような人間は，「日本人」だけでなく「在日朝鮮人」のなかにも，また多かれ少なかれ，どの社会にも存在する。彼ら・彼女らも現実の差別や加害の責任には言及せず，自らの社会的優位もさしおいて，相手の心に届かない死んだ言葉を羅列するのだ。

これらの「ミュラー」たちは声をそろえて，「共生」のためにはお互いに「ルサンチマン」を棄てる必要がある，と高説を垂れる。穏やかな調子でそう言うことによって，彼らはあらかじめ「ルサンチマン」などといった非生産的な感情を超越した理性の高みに自分を置き，いつの間にかこちらに，低級な報復感情にとらわれている非理性的な人々というレッテ

ルを貼りつける。私には朝鮮人が日本人に「ルサンチマン」を抱く理由はいくらも挙げられるが，その逆は思いあたらないので，「お互い」という言葉がそもそも胡散臭いものにしか思えない。そのようにして彼らは，実際のところ，「ルサンチマン」の原因となった歴史的・社会的現実を改善しようとするどころか，加害者の責任をうやむやにし，傷の癒えない被害者に向かって「過去を水に流す」ことを慇懃な口調で強要しているのである。(169頁)

相互関係，つまり「お互い」のあいだの理解や許しや信頼は，相互の力関係が平等であるか，不均衡でもなんとか平等にしたいという共通の意志があって，かろうじて可能性の第一歩が踏み出されるはずのものである。「足を踏まれている者の痛みは，踏まれた者にしかわからない」というのは本当だろうが，問題はそのような発言が，誰によって誰に向かってされているかということだ。戦争暴力やレイプのような筆舌に尽くしがたい苦しみを味わった者にとって，それを思い出し事実として認識することさえ，その苦しみを再び体験するように苦しいはずだ。まして加害者の責任が問われず，被害者の十分な救済や補償がなされていないときに，まるで時間の頁を1枚めくれば新しい未来が開けるように，過去を精算することがどうしてできるだろうか？　歴史はカレンダーではない。徐は「ミュラー」たちの歴史の「尺度」について次のように続ける。

ついでに彼らは，あなたももっと「前向き」に生きるべきだと，真顔で忠告する。いったい，どちらが「前」なのか？　しかし，彼らの確信するところでは，いつでも新しいのは彼らであり，古いのはこちらである。それに，彼らにとって「新しい」ということは経済的な「豊かさ」と同義であり，それこそが「正義」にもまさる尺度なのだ。(169頁)

「正義」や「人間」といった尺度や価値観を一笑に付すことは簡単だ。一方で「正義」や「ヒューマニズム」の名の下に歴史上多くの暴虐がなされ，

他方，普遍的な理論や学問的言説を高所から説きながら自らは局所的な自己の利権の獲得と維持に汲々とする者が後をたたない。しかし，それでも正義や自己の人間的尊厳の回復を求めて，歴史の闇の底から証言しようとする人々がいる。そしてそのような人々に対して，えてしてマジョリティの側からは，それがマイノリティの代名詞のように「ナショナリズム」や「民族主義者」のレッテルが貼られるのだ。そのとき自分たちマジョリティの側が，マイノリティの権利を抑圧するナショナリストであり，民族主義者であるかもしれないと気付くのは難しい。そのように自らのよって立つ位置に気が付かないことこそが，いわばマジョリティの定義とも言えるからだ。徐のこの章をしめくくる言葉も，そのような鈍感で，自覚を伴わない自己中心主義の人々への痛烈な皮肉を含んでいる。

　親切な忠告にもこちらが説得されないと知ると，内心では気分を害していても，紳士的な彼らはそれ以上言いつのったりはしない。だが，おそらく心の中では，こちらが救い難いナショナリストであるという的外れな結論を下し，やはり名分にこだわるのが朝鮮人の「民族性」なのだと自分の怪しげな比較文化論的解釈に自信を深めたり，被差別者にありがちな偏狭さのせいだから鷹揚に見てやらなければ，などと自分に言い聞かせたりしているのである。(170頁)

　民族によって分断された悲惨な状況が継続し，国民国家の枠組や国籍による差別・暴力が現実に存在する，そのことを変える努力をなんら伴わない国民国家の「批判」や「脱構築」や「終焉」の議論は空しい。
　「断絶」によって崩壊した「人間」という尺度を，ひとり再建しようとしてアウシュヴィッツ以降もアウシュヴィッツを生き続け，ついにその途次で自死したプリーモ・レーヴィ。その人生と証言を自らの「尺度」としながら，徐は，ますます人間のあいだの断絶を深め，証言を黙殺しようとする勢力に対して，静かな闘いを持続するよう，私たちにも呼びかける。
　足を踏まれた者の痛みはその人にしかわからない。それはその通りであ

るけれども、自分にはわからないその痛みを他人が感じているかもしれないという想像力を持つことは誰にでもできる。それだけがこちら側とあちら側、自己と他者との断絶に橋を架ける可能性を秘めている。自分の中にもある他者の思いと勇気を信じて、苦しんでいる被害者の傍らにともに立とうとすること。「その足をどけてくれ」という声にどれだけ私たち自身が応えられるのか？ 〈民族〉を免罪符にせず、現実に存在する民族性による差別と理不尽を理解し、改善しようとする努力は、それに応答する確かな一歩になり得るはずだ。

> ノート 〈証言と出会う〉
>
> 　徐はこの本の後のほうで、「断絶」とそれを乗り越えようとする証人たちの必死の営みについて次のように記している。
>
> 　証人がいないのではない。証言がないのではない。「こちら側」の人々が、それを拒絶しているだけだ。グロテスクなのは「こちら側」である。私たちがいま生きているのは「人間」という理念があまねく共有された単純明快な世界ではない。断絶し、ひび割れた世界だ。ここでは「人間」という言葉は、断絶を覆い隠す美辞麗句でしかない。それでもなお、断絶の深みから身を起こした証人たちが、「人間」の再建のために証言しているのだ。だが、「こちら側」の人々は保身や自己愛のために、浅薄さや弱さのために、想像力の貧しさや共感力の欠如のために、証人たちの姿を正視せず、その声に耳を傾けようとしないのである。（204頁）
>
> 　まずはこの「暴力の世紀」の証人たちを知り、その声に耳を傾けよう。その手引きとして徐京植の近著を2冊、『過ぎ去らない人々——難民の世紀の墓碑銘』（影書房、2001年）と『青春の死神——記憶のなかの20世紀絵画』（毎日新聞社、2001年）を勧めたい。また、「断絶」と「証言」に関する深い省察と共感にあふれた対話として、徐京植・高橋哲哉『断絶の世紀　証言の時代——戦争の記憶をめぐる対話』（岩波書店、2000年）から、私たちは多くの示唆と励ましを得るはずである。

こんな本も読んでみよう (第9章)

1　「在日」について知ること：

A　そして知るだけでなく，行動するために──
- 朴慶植『朝鮮人強制連行の記録』(未來社，1965年)
- 尹健次(ユン・コンチャ)『「在日」を生きるとは』(岩波書店，1992年)
- 福岡安則『在日韓国・朝鮮人』(中公新書，1993年)
- 金敬得『在日コリアンのアイデンティティと法的地位』(明石書店，1995年)
- 田中宏『在日外国人　新版──法の壁，心の溝』(岩波新書，1995年)
- 竹田青嗣『〈在日〉という根拠』(ちくま学芸文庫，1995年)
- 徐京植『分断を生きる──「在日」を超えて』(影書房，1997年)
- 杉原達『越境する民──近代大阪の朝鮮人史研究』(新幹社，1998年)
- 崔善愛『自分の国を問いつづけて』(岩波ブックレット，2000年)
- 金石範『新編「在日」の思想』(講談社文芸文庫，2001年)
- 金時鐘『「在日」のはざまで』(平凡社ライブラリー，2001年)

B　アイヌと沖縄という日本の「内部の他者」について──
- 野村義一・山川力・手島武雅『日本の先住民族　アイヌ』(部落解放研究所人権ブックレット，1993年)
- 菊池勇夫『アイヌ民族と日本人──東アジアのなかの蝦夷地』(朝日選書，1994年)
- 冨山一郎『戦場の記憶』(日本経済評論社，1995年)
- 安仁屋政昭『沖縄戦の話し』(沖縄文化社，1997年)
- 森口豁『沖縄　近い昔の旅──非武の島の記憶』(凱風社，1999年)
- 恩河尚・新崎盛暉ほか『沖縄を読む』(情況出版，1999年)
- テッサ・モーリス＝鈴木『辺境から眺める──アイヌが経験する近代』(みすず書房，2000年)
- 「特集　世界システムのなかの沖縄」(『アソシエ』2000年4月号)
- 目取真俊『沖縄／草の声・根の意志』(世織書房，2001年)

2　クレオール，ディアスポラ，ハイブリディティ，サバルタンとは：

A　これらの「輸入業界用語」を解きほぐして自分のものとするために──
- 今福龍太『クレオール主義』(青土社，1994年)

- ▶パトリック・シャモワゾー，ラファエル・コンフィアン『クレオールとは何か』(平凡社，1995年)
- ▶西成彦『森のゲリラ　宮沢賢治』(岩波書店，1997年)
- ▶太田好信『トランスポジションの思想——文化人類学の再想像』(世界思想社，1998年)
- ▶ガヤトリ・スピヴァク『サバルタンは語ることができるか』(みすず書房，1998年)
- ▶ジェイムズ・クリフォード「ディアスポラ」(『現代思想』1998年6月号)
- ▶上野俊哉『ディアスポラの思考』(筑摩書房，1999年)
- ▶エドゥアール・グリッサン『〈関係〉の詩学』(インスクリプト，2000年)
- ▶「総特集　ろう文化」(『現代思想』1996年4月臨時増刊)
- ▶古谷嘉章『異種混淆の近代と人類学——ラテンアメリカのコンタクト・ゾーンから』(人文書院，2001年)
- ▶崎山政毅『サバルタンと歴史』(青土社，2001年)
- ▶マリーズ・コンデ『越境するクレオール——マリーズ・コンデ講演集』(岩波書店，2001年)

第10章

歴史
―― 過去と現在の連接 ――

Always historicize.
（つねに歴史化せよ。）

高橋哲哉「「戦後責任」再考」（『戦後責任論』講談社，1999年，18-54頁）を読む

1　歴史的現在としての今

　歴史を生き直すとは，過去の出来事をそれを体験したことのない人にいかに引き継ぐのか，という問いである。現在をつねに「歴史的現在」としてとらえ返すこと。過去の出来事，その被害と加害を，たんに過去の事象として考えるのではなく，現在も進行中の加害の源として，私たち自身の変革の契機として想像／創造し直すこと。そして私やあなたのような多くの「日本人」の場合，この問いは，20世紀全般にわたるこの国家と国民の戦争責任と戦後責任の問題を避けて通ることはできない。もともと1998年の日本戦没学生記念会8・15集会で行われた講演を加筆修正した高橋哲哉のこの論考は，現在と過去をつなぐこの問いに鋭く切り込んだ，私たち自身の「今」への介入である。

2　忘却のポリティクス

　高橋が生まれた1956年，この年日本政府は『経済白書』のなかで「もはや戦後ではない」と宣言したといわれる。「戦後」の貧窮と復興が終了して，日本が経済大国へと「奇跡の経済成長」を開始した年，と考えれば戦後生まれの日本人にとっては気持ちがいいだろうし，実際1955年生れの私自身も子供の頃は次第に家庭のなかに増えていく電化製品を見ながら，そのような右肩上がりの軌道線でこの国の現在史をとらえていた。しかしもちろん，歴史の現実はそれほど単純ではない。

　高橋によれば，1956年という年は，むしろ「戦後」の欠落を象徴するような年だった。教科書的な記述によれば，1956年は日ソ国交回復の年であり，朝鮮戦争（1950-53年）による「特需」景気や，サンフランシスコ講和条約締結（1951年）後の日本企業のアジア再進出などを経て，日本経済が回復していく状況があって，それが「もはや戦後ではない」という「公式宣言」になったとしても，実はこの言い方は内においても外においても，事実の確認からはほど遠かった。

「1956年の時点では戦争の傷痕が日本の内外いたるところにのこっていたにちがいないわけ」だから，この言葉は「直視したくない現実を否認し，戦争の記憶に封印をしてしまいたいという欲望を隠した，一種の忘却の政治，忘却のポリティクスの宣言だった」(19頁)。その端的な例が，皇軍兵士によるアジアの民衆の迫害に向き合う姿勢の欠如だった，と高橋は指摘する。

　1956年はまた，シベリア抑留を生き延びた日本兵の最後の一団が帰ってきた年でもあります。ソ連から中国の戦犯管理所に移された日本兵たちが，「認罪」といって戦争中の自分の罪を告白するプロセスが終わって寛大な判決を受け帰国したのも，この年です。つまり，まだこうした人々は戦争を生きていたも同然だったのですが，彼らの加害や被害の記憶に向き合う姿勢というものも，「もはや戦後ではない」という当時の日本社会にはなかったのでしょう。なにより，「もはや戦後ではない」というときの「戦後」の中には，数十年後に声を上げることになるアジアの民衆，アジアの民衆被害者たちの「戦後」というものは完全に欠落していたといわざるをえないのです。(19頁)

このような内部や外部の〈他者〉への視点を欠いている限り，「戦後」は終わるはずがない。そして80年代末から90年代にかけて，アジア各地の被害者から続々とあがってきた日本の戦争責任追及の声は，そのことの証しだったのである。

> ノート 〈「特需」の物語からの解放〉
>
> 　「特需」史観，経済成長神話，「奇跡の復興」の物語から解放されるのはそれほど易しいことではない。朝鮮戦争，ヴェトナム戦争，湾岸戦争と，アメリカ合州国主導の大規模な戦争（無数の小規模な軍事介入はもとより）が起きるたびに，東アジア冷戦体制の要である日米安保条約の下で，日本はアメ

リカ軍の軍需物資の供給地として，その恩恵に預かり，自らの国民の血は一滴も流すことなく，経済的利益を享受してきた。この問題を考え，「特需」の発想から抜け出すためには，おそらくいくつもの視点が必要だろう。ひとつは，「特需」が決して「戦後」に限られた事情ではなく，日本企業の発展にとって，明治以来，戦争とくに海外侵略戦争は「特別」どころか「普通」で「必須」の条件だったこと。第2に，日本がアメリカの世界軍事戦略に荷担するとき，それは日本各地に散在する米軍基地，とくにその75パーセントが集中している沖縄が，前線基地として決定的な役割を果たしていること。「特需」によって多数が豊かな生活を得てきた陰には，米軍の暴力や基地公害によって，過去も現在も苦しんでいる「日本人」が少なからず存在する。第3に，「特需」は経済的に心地よい物語であるだけでなく，政治的にも戦後日本人の「戦争には負けたが（ソ連ではなくアメリカに占領されて）結局は得をした」という心根を醸成するのに役立ったこと。第4に，戦後すぐのアジアでは日本の軍事支配からの解放勢力であった現地民衆に対して，日本軍の撤退後帰ってきたアメリカ（ないしはイギリス，オランダ）という旧植民地支配勢力と，日本軍の占領下で権力を握っていた「親日派」とが，手を結ぶ形で対抗し，各地で後者による前者の虐殺と思われる事件が起きたこと。台湾の2・28事件，朝鮮・済州島の4・3事件，フィリピンのフクバラハップ団弾圧，マラヤ共産党大虐殺など，いずれもその後数十年間にわたる親米独裁政権の出発点となった惨事である。そして戦後日本企業の「第2の侵略」はこのような現地の政権に経済的に協力する形で進行した側面が指摘できるだろう。第5に，しかし，そのようなアジア各地における親米／親日独裁政権（自然環境破壊・開発優先政権）も1990年代前後から，ようやく各地での民主化運動の長年の苦闘が実って基盤を揺るがされてきたこと。元「従軍慰安婦」の女性たちをはじめとする戦争被害者が声を挙げられるようになったのも，そうした各国での民主化の高まりと軌を一にした動きであるとも言えよう。以上のように「特需」は，さまざまな視点のとり方を可能にする日本の戦後史のキータームでもある。それは，現在の日本の「豊かな」経済的生活の原点のひとつとして，私たち自身が見つめ直すべき問題ではないだろうか。

3　記憶のポリティクス

　アジア各地の被害者が名乗り出てきて，日本の戦争責任や戦後責任を問う声が高まってきたことの反動として，「自由主義史観」を標榜する人々が，米ソの「冷戦構造の崩壊が日本の戦後責任を解除する」と言い出している。高橋によれば，事情はむしろ逆で，「むしろ日本は，冷戦構造の崩壊によって初めて，否応なく戦後責任に直面せざるをえなくなったというべき」である。冷戦構造という「保護膜」「バリアー」「アリバイ」が崩れることで，「日本はいまや，どんな弁解もできない形で，ようやく直接『戦後責任』を問われることになった」のだ（20頁）。

　　冷戦がなければただちに直面しなければならなかったかもしれない，アジアの民衆の声，被害者たちの声に，日本はいま初めて直面させられている。そのアジアの民衆との関連でいえば，「戦後はいまようやく始まったばかりである」といえるかもしれないのです。（21頁）

　忘却の政治から記憶の政治への回帰。だれもが忘れ去ろうとした「戦後」が〈他者〉の介入によってやっと甦ろうとしている。

4　関節の外れた時間

　このように戦後半世紀近く経ってから，やっと熟そうとしている戦争の記憶を問い返す契機について，高橋はシェイクスピアの『ハムレット』の「時間の関節が外れている」という台詞に言及する。『ハムレット』の場合それは，本来あるべき自然・政治・社会の秩序が混乱した状態を表現しているのだが，それは同時に新しい時代の到来，変革の好機ともなり得るものと認識されている。それと同様に，ここでの「戦争の記憶のアナクロニズム」の場合も，「善悪の評価以前に，いったん歴史の表面から消えていた戦争の記憶が予想外の時点で戻ってくる」（22頁）ことが示唆されている。

いわば『ハムレット』の亡霊が主人公に父殺しの真相を告げるため冥界から出現したように，通常の時間感覚で生きてきた人にはあまりに「時代錯誤」して突然，異議申し立てがアジアの被害者から行われたのだ。しかしそれを「錯誤」であると感じるのは，実はアジア全体から見ればマイノリティに過ぎない日本のマジョリティの感覚である。私たちは日米安保体制や「特需景気」や冷戦構造に守られて，この半世紀の忘却と記憶の抹殺を「通常の時間感覚」と信じ込んできたのではないか。

そしてここでの問題は，とくに「戦争を知らない」世代，「戦争当事者とは言えない世代」にとって，そのような戦争の記憶が持つ意味，ひいては「戦後責任」の有無に関わってくる。高橋はそれを「責任・responsibility」の原理的考察によって解明しようとする。

5　応答可能性としての責任　(☞第8章，1を見よ)

英語の responsibility は，「他者からの呼びかけ，あるいは訴え，アピールがあったときに，それに応答する態勢にあることを意味」しており，罪責としての責任（guilt）や，宗教的な罪（sin）とは語源的に異なった言葉である（24頁）。高橋によれば，人間は社会的存在として「呼びかけと応答の関係」をひとつの「約束」として生きている。

> 人間はそもそも responsible な存在，他者の呼びかけに応答しうる存在である，responsibility つまり応答可能性としての責任の内にある存在である。責任の内に置かれている，responsibility の内に置かれている〔後略〕（26頁）。

私たちはそのような呼びかけに応えることもできれば，無視することもできるという意味では「自由」だが，いったん他者の呼びかけを聞いてしまえば，応えるか応えないかの選択を迫られることになる。その意味で私たちは，責任，すなわちレスポンシビリティ＝応答可能性の内に置かれる。

この限りでは私は自由とは言えないのである。

> 他者の呼びかけを聞くことについては私は完全に自由ではありえない。このことは，責任というものが根源的には〈他者に対する責任〉であり，〈他者との関係〉に由来することを示しているといえるでしょう。もしもこの点についても私が完全に自由であろうとするなら，他者の存在を抹殺するしかない。(27頁)

われわれは他者からの呼びかけに応えることも応えないこともできるけれども，いったん呼びかけを聞いてしまった以上,「応えるか応えないかという応答可能性としての責任」から逃れることはできない。そこで高橋はこのような観点から,「戦後責任」としての応答可能性を，人間関係や信頼を新たに作り直す「歓ばしい」行為としてとらえ直そうとする。

6 応答可能性としての戦後責任

戦争責任と戦後責任を切り離すことはできないが，そこには違いも存在する。高橋はそれを，前者は「日本がアジア諸国を侵略し，植民地や占領地にし，さまざまな国際法違反や戦争犯罪，迫害行為を行ったことの責任」であるから罪責，犯罪という意味での責任 guilt であって，単なる応答責任ではないと考える(30頁)。罪責であるかぎり処罰や補償が必要であり，現在の日本の戦後責任はまずそれを十分に果たすことが含まれなければならない。しかしそのことと同時に,「応答可能性としての責任」という観点を導入すると，たとえば殺人という行為も次のように解釈され得るという。

> 殺すな，殺さないでくれ，という他者のぎりぎりの叫び，呼びかけ，訴えを無視して，その他者との呼びかけ＝応答関係を最も深刻な形で破壊した。そのことによって，責任＝応答可能性によって成り立っている社会から自分自身を追放したのであると。そうだとしますと，その殺人者

が処罰に服し，償いをするという行為は，自分自身をもう一度他者との関係の中に連れ戻す。他者の叫びに遅ればせながら応答し，この遅れはもちろんすでに絶対に取り戻せない遅れなのですが，それにもかかわらず，遅ればせながらも他者の叫びに応答して，社会関係の中に自分を置き直すことと解釈できるかもしれない。(31頁)

　他者や被害者に対する応答可能性を破壊した罪を償うことによって，応答責任を「アナクロニスティック（時代錯誤的に）」に遅れて果たし，応答関係を回復すること。戦後生まれの日本人は大日本帝国の加害行為に荷担したわけではないから，たしかに罪責としての戦争責任はないかもしれないが，「当事者とはいえない世代にとっての戦後責任は，基本的にはまさにこの応答可能性，レスポンシビリティとしての責任と考えられる」(33頁)。他者との関係を回復する「歓び」や「蘇りの感覚」(32頁)に満ちた応答可能性，ここからその内容がさらに細かく考察されていくことになる。

キーワード15 ❖〈戦争責任と戦後責任〉

　高橋はこの講演で，聴衆の多くが戦後生まれの日本の若者であるという事情もあって，議論の上で「戦争責任」と「戦後責任」とを一応分けて論じている。しかし見方を変えて，たとえば戦争の被害者としていまだに救済措置どころか，その被害さえ社会的に認知されてこなかった日本軍性奴隷制度や戦時強制連行の被害者にとって，「戦争」と「戦後」はけっして切り離せるものではない。加害者側の，そしてそれを容認している，この場合は私を含む日本の選挙民たちが「戦後」と言うときには，戦後も戦争を生き続けなくてはならなかった彼女たちの存在は視野になかったのではないだろうか？　その意味でも高橋の言うように，戦後生れであるとないとにかかわらず，責任の一点において，少なくとも私たちの社会においてはいまだに「戦争」が継続しているのだ，と言い続けることが必要ではないだろうか。

7　国境を越える応答責任

　現代を生きる日本人の私たちにとって，応答責任とは「戦後責任」に限らない。世界中のさまざまな場所から，助けを求める叫びや応答への呼びかけはつねに行われている。そのすべてに応えることは不可能なのだが，それだからといって私たちがその呼びかけを聞いてしまっているという事実，つまり応答可能性としての責任の内に自分が置かれていることは否定できない。それはたとえ沈黙の呼びかけであっても，呼びかけられさえすれば，国境や国籍や社会的地位を超えて責任が発生せざるを得ないのだ。高橋はそのことを，クロード・ランズマン監督の『ショアー』を例に取り上げて，この映画の観客にはホロコーストを「記憶し，その記憶を伝える責任」，すなわち「ホロコーストとは何であったかについて知る，そしてその出来事の意味を反省する，熟考するという責任，また，あってはならなかったこの種の出来事が繰り返されないためには何が必要かを考えていく責任など」が，生じると述べる。

　『ショアー』にはアウシュヴィッツで3年間〈特別労務班〉の一員として，同胞のユダヤ人を殺害するガス室で死骸の片付けなどの強制労働に従事していたフィリップ・ミュラーという人の証言が出てくる。(以下，下記の〈ブック〉にある『SHOAH ショアー』358-63頁による。)ある日，彼が2号焼却棟で勤務していたとき，脱衣場で強制的に服を脱がせようとする命令を拒否した人々のあいだから，彼の故郷であるチェコの国歌が，それから，〈ハティクヴァ〉(後にイスラエル国歌となった「希望」)の合唱が響きわたった。「身もふるえんばかりに」感動したミュラーは，そのとき悟る。「私の生命(いのち)には，もう何の価値もない」，「生きて，いったい何になるのか？」「何のためなんだ？」と。それで彼は，ユダヤ人の人々といっしょにガス室に入って，死ぬことを決心した。するとすぐに，何人かの顔見知りが近寄ってきて，そのなかの1人の女性がこう言ったという。「じゃあ，あんたも，死のうというのね？　でも，無意味よ。あんたが死んだからといって，私たちの生命が生き返るわけじゃない。意味のある行為じゃないわ。ここか

ら，出なけりゃだめよ。私たちのなめた苦しみを，私たちの受けた不正を……，このことを，証言してくれなければだめです」。結果としてミュラーは生還し，奇跡としか言いようのないことだが，この女性の言葉がいま私たちの元に届いている，その事態を高橋は次のように描く。

> そういうミュラーの証言を聞くとき，私たちはそのガス室の中に消えていった女性の呼びかけを，フィリップ・ミュラーを通して聞く，そしてそのフィリップ・ミュラー自身の呼びかけをも聞く。ミュラーの言葉を信じるかぎり，アウシュヴィッツから私たちの所へ，半世紀の時間，何千キロの距離，言葉の壁を超えてその女性の呼びかけが届いたことになる。(37頁)

　私たちが応答可能性としての責任の内に置かれるとは，まさにこのような事態を指す。証言を聞くことによって，映画を見ることによって，そこからホロコーストやシオニズム，民族差別や人種差別，イスラエルやパレスチナについて知り考え行動する，というさまざまな応答が可能になっていく。かくして応答責任には，文化や言語や時間や国籍の制約は状況によってある程度は存在するかもしれないが，原理的には国境はないと言える。
　ホロコーストの場合と同様に，「日本の戦争についての応答責任も，日本人とアジア各国の人々，あるいは日本人と交戦国の人々にだけ生じるのではない」(37頁)。ヒロシマ・ナガサキからの呼びかけも，アジア太平洋戦争の被害者たちの証言も，世界中の人々に開かれており，戦争の記憶を伝える貢献がさまざまに成されることで，応答責任はその可能性を広げていくことができる。それは「加害者と被害者の枠をも超え」，「いつでも，どこでも始まることができる」(38頁)。

ブック

　前章でも触れた『ショアー』(1985年)については，日本語で読める以下の本

が、ここでの高橋の議論と合わせて省察の糧となってくれるだろう。
鵜飼哲・高橋哲哉編『『ショアー』の衝撃』（未来社，1995年）
ショシャナ・フェルマン『声の回帰　『ショアー』と証言の時代』上野成利・崎山政毅・細見和之訳（太田出版，1995年）
『現代思想　特集ショアー』（青土社，1995年7月号）

　全部で9時間半におよぶ長大な作品なので、細部を思い出し検討するためには、映画の全テクストを収録したクロード・ランズマン『SHOAH ショアー』高橋武智訳（作品社，1995年）が必読。
　プリーモ・レーヴィや徐京植にとっての「記憶の暗殺者」の名前も偶然に「ミュラー」だったが、『ショアー』ではまさに「記憶の使徒」が同じ名前を持っている。これは単に、前者がマジョリティで後者がきわめて稀有な単独の証言者であるという事実に止まらず、誰もが殺す側にも殺される側にもなり得る、忘却する側にも記憶する側にもなり得るという、私たち自身が選択と応答と行動によって歴史に参画しうる可能性と必然性を、端的に示唆しているのではないだろうか。

トライアル／フィルム ▷▷ 加害者証言

　私たちは前章の徐京植の文章によって、自分たちの周りにもブナの研究室にいた「ミュラー」が多くいる（あるいは自分たちもそうである可能性がある）ことを思い知らされた。対して『ショアー』の「ミュラー」は私たちの周りにはいないのだろうか？　そこでたとえば、日本の戦争責任の一端を自ら担ったとの自覚をもって証言を続ける元兵士たちの活動について調べてみよう。「従軍慰安婦」や戦時強制連行労働が、アジア太平洋戦争中のアジアの民衆被害の鍵となる事例だとすれば、皇軍兵士のシベリア抑留体験と、中国の撫順と太原の戦犯管理所における「認罪」（戦争中の自分の罪行を認め、それを公表する行為）は、加害者の側の責任の果たしようとして、重要な契機を提供した出来事である。考察の手掛かりとなる映画を紹介しよう。
　ひとつは高岩仁監督の記録映画三部作『教えられなかった戦争・マレー

編──侵略・マレー半島』(1992年)、『教えられなかった戦争・フィリピン編──侵略・「開発」・抵抗』(1995年)、『教えられなかった戦争・沖縄編──阿波根昌鴻・伊江島のたたかい』(1998年)で、戦争中の加害行為だけでなく、現在の日本企業・政府・国民によるアジア侵略の実態をも描いている。2つめは元皇軍兵士たちの証言を直接収録した松井稔監督の『日本鬼子(リーベン・クイズ)』(2000年)。3つめは異色の作品として、ニューギニア戦線の生き残り奥崎謙三を主人公にした原一男監督のドキュメンタリー映画『ゆきゆきて、神軍』(1987年)。

8 「日本人」だけがなし得る戦後責任

　このように応答責任は原理的には国境も世代差も経験差も超える「開かれた性格」を持っているのだが、「日本の戦後責任は植民地支配責任を含む戦争責任から出てくるので」あるから、「罪責としての責任なしに日本の戦後責任はない」(39頁)。つまりここでは、支配者・占領者・加害者であった「日本人として」特有の責任が問われることになる。そしてその中心には、日本で戦後、戦争犯罪者が十分処罰されてこなかったという問題がある。

　高橋が整理しているところによれば、

　…東京裁判は冷戦状況が始まる中で行なわれた日米合作の政治裁判であった、またジェンダー・バイアス、つまり女性に対する差別、偏見があったことなどから、当然裁かれるべきものが裁かれなかったと指摘されています。七三一部隊の人体実験、日本軍の細菌兵器や化学兵器の使用、「慰安婦」制度や大量レイプなど、多くの戦争犯罪が裁かれなかったわけです。その他にいわゆるBC級戦犯裁判、この中では朝鮮人の軍人・軍属の人たちも日本軍の肩代わりをさせられて裁かれるというきわめて不条理なことがあったわけです〔後略〕(40頁)

しかし問題は，そして日本の戦後責任の取り方をドイツのそれと区別する最大の要素は，端的にいって「日本人自身が，裁かれなかった自国の犯罪を裁くということはまったくしないまま現在まで来ている」ことにある（40頁）。

ドイツでは，占領国によるニュルンベルク裁判ほかの裁判が終了した後も，自らの手によって，ナチスの犯罪に対して90年代に至るまでに10万件を超える捜査と6千件以上の有罪判決を下している。フランスの場合は，戦勝国であるにもかかわらず，1998年にモーリス・パポンというヴィシー政権下の地方官僚をユダヤ人迫害の罪で裁いた。それにくらべて日本では，捜査も有罪判決も，日本人自身による裁きは皆無なのだ。

高橋が主張するように，日本の戦争犯罪の処罰問題は，七三一部隊にしろ，「従軍慰安婦」問題にしろ，「けっして過去に決着のついた問題ではなく，実は現在の問題」である（41頁）。とくに日本国内では，被害者や国連人権委員会などから繰り返し出されている責任者処罰の問題が，一種のタブーとなってまったく進展していない状況がある。そのような状況下では，国際法で戦争犯罪や「人道に対する罪」に時効がないことを確認するまでもなく，現在の応答責任として罪を償う努力をするよう求められているのは日本国民にほかならない。

> 要するに，日本の戦後責任といわれるものの中には，罪責としての責任が，いま，現在のこととして，いわば実体的にも含まれているのです。それを負っているのは，実際に戦争犯罪を犯した人たちです。この人たちはその刑事責任を果たすように，つまり裁きに服するように呼びかけられており，日本政府はそうした人たちの刑事責任を追及する，つまり彼らを裁くように呼びかけられている。そして日本国民は，その裁きを実現すべく努力するよう呼びかけられているのです。その呼びかけに，これまで日本側はまったく応えることができなかったわけです。（42-43頁）

> **ノート**　〈女性国際戦犯法廷〉
>
> 　高橋は「従軍慰安婦」問題に関して、この裁きを実現しようとしたものとして、2000年12月東京で開催された「女性国際戦犯法廷」に言及する。現在では第8章の末尾にあげた『日本軍性奴隷制を裁く2000年女性国際戦犯法廷の記録』全5巻（緑風出版）、すぐれた法廷ドキュメントである『裁かれた戦時性暴力』（白澤社）をはじめ、法廷の5日間を記録したビデオ『沈黙の歴史をやぶって』（バウネット・ジャパン発行）などで、まさに「画期的な出来事」と呼ぶにふさわしいこの民衆法廷の白熱した雰囲気を知ることができる。

　ここでの「日本人としての責任」という議論は、むろん、偏狭なナショナリズムに陥らない注意が必要だ。高橋は、ここでいう「日本人」を、「血の同一性」のような「非科学的なイデオロギーに基づいて実体化されたもの」でも、「日本文化」のようなものの「共有によって定義可能だと考えられている」ものでもなく、「あくまで日本国家という法的に定義された「政治的」共同体に属する一員という意味」でとらえる（45頁）。そこで戦争犯罪に関する国家補償や責任者処罰を求められているのは日本政府なのであるから、国籍法によって「日本国民」の一員であり、日本国憲法によって政治的主権者と定められた「日本人」は、たとえ自らがどう思っていようと、日本政府と特別の関係、庇護と利益享受と義務の関係に置かれている。

　これらの関係を当然のこととして生活しながら、日本国家が戦争責任の履行を求められたときだけ「自分は関係ない」ということはできないでしょう。日本人は日本国家の主権者として、日本国家の政治的なあり方に責任を負っています。政府が他国の被害者に対して、また自国の被害者に対しても、当然果たすべき法的責任を果たそうとしないときには、それを果たさせる政治的な責任がある、と言うべきではないでしょうか。日本政府に法的責任を履行させる「日本人としての」政治的責任です。
　　（46頁）

よって「日本人」以外であっても，戦争犯罪に対する日本政府の態度を批判することはできるが，通常外国人は日本の参政権がないのだから，主権者として日本政府に対して政治的権利を有しておらず，よって政治的責任もない。それは「日本国民の排他的"特権"」（47頁）であって，たとえば同じ日本に生まれ育ち，納税など多くの義務は負っている「在日朝鮮人」はそのような政治的権利から排除されている。そのような人々から見れば，一方で政治的権利を独占的に享受しながら，それに伴う特別の責任からは逃避しようとする日本人が批判されるのもやむないことだろう。高橋も在日朝鮮人の歴史研究者である金富子や前章のテクストの著者徐京植の批判に言及する。たとえば高橋は徐の次のような発言を引く。

日本人が日本人としての政治的責任から逃れられるとすれば，それはその人が「長年の植民地支配によってもたらされた既得権と日常生活における〈国民〉としての特権を放棄し，今すぐパスポートを引き裂いて自発的に難民となる気概を示したときだけ」である。（48頁）

またナチスの支配を逃れてドイツから亡命し，18年間無国籍者として生きたユダヤ人の哲学者・政治学者ハンナ・アーレントも，ナチスの時代，「政治的に見て唯一まったく責任のない人々」は「亡命者や国家なき」ユダヤ人のような人々だけだった，と言う。そして高橋は現代の例として「パレスチナ難民」を挙げている。

トライアル／フィルム ▷▷ パレスチナ紛争

泥沼化した紛争が続くイスラエルとパレスチナの関係。現在（2002年初頭）でも毎日のように衝突が繰り返され，人が殺されている。多くの場合，パレスチナ側の攻撃は集団による投石，あるいは自爆攻撃，それに対するイスラエル側の報復は，戦車や戦闘機による爆撃と難民キャンプ襲撃，イスラエル人入植地の建設などによってなされている。よって死者の数は圧倒的にパレスチナ側のほうが多い。2001年9月11日のアメリカ本土攻撃が，

仮にテロリスト集団によるものだとしたなら，その原因の一端がアメリカ合州国による一貫したイスラエル支持への不満の蓄積にあるだろうことが指摘されている。パレスチナ問題は，20世紀という世界戦争と民族虐殺の時代から今世紀に引き継がれた最大の問題のひとつである。『シンドラーのリスト』や『ショアー』のようなホロコースト（ユダヤ人迫害）を描いた映画作品も，現在のパレスチナ問題に対する視点を欠くことで，「普遍的な人間」という尺度からする歴史批判に及ばない危険を孕んでいないだろうか，この２つの映画を見比べることで検討してみよう。またイスラエル出身のパレスチナ人であるミシェル・クレイフィ監督の『豊穣な記憶』や，イスラエル出身のアモス・ギタイ監督の『キプールの記憶』といった映画も，パレスチナ問題を考える上で，大きな示唆を与えてくれるはずだ。
　そして1948年のイスラエル建国から2000年９月のシャロン・リクード党首によるイスラム教の三大聖地のひとつ，アル・ハラム・アル・シャリフの訪問に端を発した「アル・アクサー　インティファーダ」（イスラエル占領に対するパレスチナ人の抵抗運動）まで，パレスチナの人々の「無国籍状態」を引き起こしたものは何か，その血塗られた歴史と特定の時点における加害者とはいったい誰なのか考えてみよう。

　さらに高橋は，「いわゆる『日本民族』とは文化や『民族的記憶』のアイデンティティが異なる人，たとえば在日の朝鮮人や中国人であった人が日本国籍を取得した場合」や，あるいは「日本とそのほかの国の二重国籍をもつ人についても」，「『日本国民』としての政治的責任が当然発生することになる」と考える（49頁）。しかしながら彼は留保を付けて，何世代も前からいわゆる「日本民族」に属している「エスニック・ジャパニーズ」という日本国民の多数派と，たとえば戦後に日本に「帰化」した在日朝鮮人や中国人とが，「現在の日本国家が負っている戦後責任にかんして，あらゆる意味で同じ責任を負うことになる」，ということは否定する（49頁）。なぜなら，戦後半世紀以上にわたって日本政府が罪責を果たしてこなかったのを許してきたのも，また，そもそも在日の人々の日本への「帰化」を認め

制限する権力,「つまり日本国民としての政治的権利をだれに認め,だれに認めないかの権限を握っている」のも,この圧倒的多数派「日本民族」系日本人だからである。高橋はこの違いを,「『日本人』としての政治的責任を共有する人々の中での歴史的責任の相違」と呼ぶ（50頁）。

> **ノート** 〈「在日」と日本国憲法〉
>
> 　ここで考察されているマジョリティである「日本民族系日本人」と，それ以外のマイノリティ日本在住者（そこには，日本政府の規定による「特別永住者」として外国籍を所持しながら日本に住む「在日」の人々，日本に帰化した朝鮮人や中国人，またスポーツの世界では珍しくなくなった日本国籍取得者など多くの種別があるので，もちろん均質な総体と考えることはできないが）との政治的権利と責任の重なり合いと違いは，さらなる考察を促す。
>
> 　そのことは，多くがさまざまな社会的権利を奪われながらも，納税を含む社会的義務を負っている「在日」の人々にとっての，現在の日本の他国に対する加害責任——アジア全域にわたる経済搾取と環境破壊，米軍基地を介した海外侵略——の所在を考えるとき，尖鋭な問いとなるだろう。この問題を考える手がかりとして，在日中国人として日本国憲法の定める権利から除外されながら，日本国憲法を守る闘いを続けている徐翠珍（ジョ・スイチン）さんの言葉を紹介したい（引用は，ノンフィクション・ライター田中伸尚が雑誌『世界』で連載した「憲法を獲得する人びと」の第7回［2001年10月号］から）。
>
> 　徐さんは，1990年に大阪地裁に起こされた現天皇アキヒトの即位・大嘗祭への国費使用が違憲だとする「即・大いけん訴訟」の原告の一人である。これは税金を払っている者には，納税者としての権利と責任があり，自分の収めた税金が日本の憲法や法律にしたがった正しい目的に使われることを監視する義務がある，とする発想から起こされた。その運動のなかから徐さんは，日本社会における自らの位置を，「在日」としてのみならず，日本社会の構成員のひとりとしてとらえることを学び直す。そこから彼女は，これまで差別される側からのみ自己主張してきた自分が，日本と外国との関係においては，加害者の立場になり得ることに気付くのだ。そのきっかけとなったのが，pp.

211-212で言及した高岩仁監督の『教えられなかった戦争——フィリピン編』のなかで，日本企業が主導し日本の国民の税金であるODA（政府開発援助）を使ったフィリピンのバタンガス港開発計画で生活を破壊された人々の代表の次の言葉だった。「これは日本による第2の侵略です。あなたがた日本人は，あなた方のお金がこのような形で私たちの生活を破壊することに使われることを望みますか？」徐さんはこの言葉を〈私自身〉に向けられたものと受け止めたという——「在日やから，私はちゃいます，加害者じゃありません，とは絶対言えへん。所得税を徴収され，消費税を取られている納税者として，問われる。せやから，ひとつおかしいと思ったら，異議あり，と声を出さなければ，と思った」。（『世界』2001年10月号，84頁）

ブック

　田中伸尚による『世界』での連載は，田中のほかの本と同じく，自分が「マジョリティ」か「マイノリティ」かにかかわらず，日本社会や政府の方向に異議を唱える人々の生きざまを伝えて，勇気を与えてくれる。同様に力づけられる本を田中のもの2冊と，もう1冊挙げよう。

田中伸尚『天皇をめぐる物語——歴史の視座の中で』（一葉社，1999年）
田中伸尚『さよなら，「国民」——記憶する「死者」の物語』（一葉社，1999年）
ノーマ・フィールド『天皇の逝く国で』大島かおり訳（みすず書房，1994年）
Norma Field, *In the Realm of a Dying Emperor——Japan at Century's End* (New York: Vintage Books, 1991/1993).

　フィールドの本は，1990年代に日本で出版された本のうちで最高のもののひとつ。内容はもちろんのこと，日本語の訳文も素晴らしく，私もイギリス語の授業でずいぶん使用した。フィールドのイギリス語原文は平明で読みやすく美しいので，イギリス語にそれほど自信のない人，まだ生涯一度もイギリス語の本を読了したことがない人の最初の通読完了本として絶対にお勧めする。読み終えたとき，色々な意味であなたの人生は変わっていることだろう。

ここで高橋は付言して，在日朝鮮人の日本国籍問題が日本の戦後責任不履行の焦点のひとつでもあることを指摘する。現在，日本国籍を所有していない在日朝鮮人は，韓国籍か朝鮮籍かを持っているのだが，それはサンフランシスコ対日講和条約発効後1952年に，かつての植民地支配によって強制された「日本国籍」を日本政府から剥奪された結果である。その際，日本政府は諸外国にあるような国籍選択権を認めず，「日本人」としての政治的権利への接近を「帰化」することによってしか認めないという方針を取った。よって「日本政府は，またその政策を許容している日本人は，日本政府に戦後責任をとらせる政治的権利にかんしても，同じ日本に住んでいるこれらの人々を差別し続けている」のである（50頁）。

> **ノート**〈日本国籍取得緩和法案〉
>
> ここで「日本国籍取得緩和法案」についても付言しておく必要があるだろう。この法案は在日朝鮮人などの特別永住者が，これまでの法務局による厳格な審査や思想調査なしに，届け出だけで日本の国籍を与えられるようにするもの。この法案の問題点は大きく分けて4つある。ひとつはこの法案が外国人に地方参政権を認める法案への代案として出されたこと。第2に，日本社会では多方面で在住外国人に対する差別政策が行われているにもかかわらず，それらの差別を緩和する方策が何ら施されないまま，この法案が提案されていること。第3にこの法案は，日本の植民地支配の歴史により在住する特別永住者だけを日本国籍取得緩和の対象にすることによって，年々増加する「ニュー・カマー」と呼ばれる在住者を「外国人」のまま政治的権利なしに放置する分断政策であること。第4に，この法案が実施されれば，これまで差別されながらも同化を強要する日本社会に抵抗して韓国・朝鮮籍を維持してきた現在約52万人といわれる特別永住資格を持つ在日朝鮮人にとって，抵抗の拠り所であった本国の国籍に積極的な意義を見出だすことがますます困難になるだろうということ。当事者である在日朝鮮人の人々との話し合いを通して，社会的差別の撤廃につながる政策・法整備や二重国籍取得をも認める条項の検討が必須である所以である。

高橋はここで主張している「日本人としての責任」が，国家や民族を自明の前提とするナショナリズムとは無縁のものだとして，私たち自身の社会の変革という実践にまで踏み込んで，次のようにまとめる。

　むしろこの責任は，戦後責任をきちんと果たしてこなかった日本国家の政治的なあり方に対する責任として，日本国家が戦後責任をきちんと果たすように日本国家のあり方を変えていく責任であり，日本政府に戦後責任を果たさせることを通じて，旧帝国の負の遺産を引きずった既成の日本国家を批判的に変革していく責任です。植民地支配や民族差別，女性差別，暴力的な「国民化」や「皇民化」を可能にし，またそれらによって可能となった「日本人」や「日本国民」を解体し，日本社会をよりラディカルな意味で「民主的」な社会に，すなわち，異質な他者同士が相互の他者性を尊重しあうための装置といえるような社会に変えていく責任なのです。(51頁)

　つまり「日本人として」戦後責任を果たすとは，「法的に日本国民の一人であることから生じる責任」ではあるけれども，「国家の法に服従する責任」などではなく，むしろ戦争や植民地支配の反省や補償を行わないような国家の法や行為を批判し，拒否し，改善し，変革する努力を指す。

9　他者の呼びかけに応答する

　最後に高橋は，日本人とアジアとの関係をめぐって全く対照的な2つの言葉を取り上げる。ひとつは『敗戦後論』(講談社，1997年)の著者である加藤典洋の「戦後生まれの日本人は，戦後責任をとれという声に対して，オレには関係ないという権利を持つ」という発言。それはすでに見てきたように，参政権を持つ日本国民が「今すぐパスポートを引き裂く」のでないかぎり，「関係ない」ということはありえないだけでなく，日本とアジアとの信頼関係を回復するどころか，ふたたび孤立することにしかつながら

ないだろう，と高橋は警告する。

> **ノート　〈歴史主体論争〉**
>
> 　「歴史主体論争」と呼ばれた加藤典洋と高橋哲哉との論争については，この章で扱った講演が収められた『戦後責任論』の第２部と第３部がこの論争における高橋の論考を集成しており，そのなかで加藤の議論も詳しく紹介されている。高橋のもの以外にも加藤に対する批判文献は多いが，なかでも次の４つが問題の本質を突いている。
> 間宮陽介「知識人ナショナリズムの心理と生理」『神奈川大学評論』28（1997年11月号）。
> 李孝徳「「よりよい日本人」という形象を超えて——誇りと弔いの前に」小森陽一・高橋哲哉編『ナショナル・ヒストリーを超えて』（東京大学出版会，1998年）所収。
> テッサ・モーリス＝鈴木「不穏な墓標——〈悼み〉の政治学と〈対抗〉記念碑」『別冊世界　書評の森97-98』所収。
> 徐京植「「日本人としての責任」再考——考え抜かれた意図的怠慢」池田恵理子・大越愛子編『加害の精神構造と戦後責任』（緑風出版，2000年）所収。

　これと対照的なのが，1997年２月に67歳で亡くなった韓国の元「慰安婦」姜德景（カン・ドッキョン）さんの最期の言葉のひとつ。彼女は軍人に銃が突きつけられた「責任者を処罰せよ」という絵や，朝鮮の少女がナイフで刺した日の丸から血が流れている絵を描いたことでも知られるように，日本政府の責任を最後まで厳しく追及してやまなかった。その彼女がいまわの際の言葉として，「私がもう一度日本に行って話をしたい」と言ったという。この言葉を高橋は，「日本人にとっての救い」ではないかと言う。

　自分の一生を滅茶滅茶にしたのは日本だ，日本人だといって日本を告発してきた姜さんが，最後まで「日本人」に向かって呼びかけるのをやめ

なかった。しかし呼びかけがあるということは，これは「日本人」にとってある意味で救いではないでしょうか。呼びかけがあるということは〔中略〕他者との関係を作ろう，確認しようということです。他者を信じる，少なくとも信じようという気持ちがあるということです。(54頁)

この呼びかけを救いとして，希望として生かし続けるためには，私たちの応答がなくてはならない。他者である東アジアの人々とのあいだに「平和に向けた信頼関係を作り出す」(54頁)ことを通じて，他者を友とするような相互の関係の練り直し。過去が現在につながることの積極的な意義を再確認しながら，高橋は歴史の中に生きる「私たち日本人」の応答可能性に賭けるのである。

ブック／ビデオ

姜徳景さんを初め，ナヌムの家に住むハルモニたちの絵を収録した絵画集は，ナヌムの家附設日本軍「慰安婦」歴史館編『咲ききれなかった花――日本軍「慰安婦」ハルモニの絵画集』(ソウル，キップンチャコ，2000年)。また姜徳景さんの最期の日々を収録したビデオがバウネット・ジャパンから発行されており，高橋が言及している彼女の呼びかけを，私たちも聞くことができる。『私たちは忘れない～姜徳景ハルモニ』(ビデオ塾製作)。しかし何より，自分の体と時間を使ってナヌムの家を訪問し，今を生きるハルモニたちを知ることが貴重な体験になる。(ナヌムの家　大韓民国京畿道広州郡退村面元堂里65, http：//www.nanum.org, E-mail：y365@chollian.net.　日本の支援団体としては，ナヌムの家歴史館後援会　〒603-8346　京都市北区等持院北町56-16　立命館大学産業社会学部　池内研究室気付)

トライアル▷▷過去の克服

現在を「歴史的現在」として生きること。カルチュラル・スタディーズの実践もその姿勢を欠けば，現状に介入する力を持たない研究のための研究に堕するだろう。私たちが過去を知り，そこで積み残された課題に応答

しようとすることは、けっして一部の特殊な「正義感の強い人」の占有物ではないはずだ。高橋のこの文章を読んだ後で、戦後生まれの私やあなたにとって、戦争責任ははたして本当に関係のないものと言い切れるだろうか？ もし私たちそれぞれに「戦争」と「戦後」とを貫く責任があるとすれば、いま何ができるだろうか？

「戦後半世紀以上もたって、なぜ日本だけがいつまでもアジア諸国に謝り続けなければならないのか」と言う人々がいる。そのような人々にとって戦後責任を考え、被害者の正義を回復しようとする試みは、「日本人の誇りをいたづらに傷つける自虐史観」に過ぎない。しかし、真相究明も補償も加害者処罰もされない戦争犯罪の被害者が現にアジアに存在する限り、私たちは本当に「日本人の誇り」を持ち得るだろうか？

また、戦争責任の回復が半世紀以上も遅れたのは、けっして日本だけではない。ヨーロッパでもアメリカでも本格的な補償と謝罪の流れが起きてくるのは、1990年代になってからである。さらに視野を広げて、植民地支配や他の戦争被害の補償や真相究明となると、半世紀どころか数世紀前の責任を問う風潮も、20世紀末になってやっと高まってきた。まさに「人道に対する罪」に時効は存在しないのだ。

日本やアメリカ合州国では「戦時強制連行」や「日本軍性奴隷制度」に関わる多くの訴訟が被害者や被害者の遺族から起こされている。また南アフリカのアパルトヘイト（人種隔離政策）や旧ユーゴスラヴィアの解体後のバルカン戦争、アフリカのルワンダや中米のグアテマラなどをはじめとして、世界の多くの国々で20世紀に起きた悲劇の被害者に対する補償と真相究明の動きが存在する。それらの道程は現在の政治情勢に左右されるのでけっして楽観を許されないが、被害者の「正義と尊厳の回復」と加害者の処罰に向けた運動は、もはや止めることはできないだろう。

こうした「過去の克服」に向けた試みを、世界のどこの地域からでもよい、ひとつ取り上げてその実績と課題を調べることで、私たち自身の戦後責任をめぐる論議に生かしてみよう。

こんな本も読んでみよう　　　　　　　　　　　　　　　　　（第10章）

1　記憶と証言は20世紀末と21世紀初頭のもっとも重要な歴史的要件だ：

A　さまざまな場と状況から発せられた証言に耳を傾ける——
- 石牟礼道子『苦海浄土——わが水俣病』（講談社文庫，1972年）
- 西野瑠美子『従軍慰安婦のはなし——十代のあなたへのメッセージ』（明石書店，1993年）
- マリア・ロサ・L・ヘンソン『ある日本軍「慰安婦」の回想——フィリピンの現代史を生きて』（岩波書店，1995年）
- 日本戦没学生記念会編『新版　きけ　わだつみのこえ——日本戦没学生の手記』（岩波文庫，1995年）
- 山田昭次『金子文子——自己・天皇制国家・朝鮮人』（影書房，1997年）
- 野田正彰『戦争と罪責』（岩波書店，1998年）
- キム・ユンシム『海南の空へ——戦場からソウル，そして未来への日記』（パンドラ，2000年）
- 柳本通彦『台湾先住民・山の女たちの「聖戦」』（現代書館，2000年）
- 栗原彬『証言　水俣病』（岩波新書，2000年）

B　記憶と証言をめぐる理論と論争については——
- 鵜飼哲『償いのアルケオロジー』（河出書房新社，1997年）
- M. モリス，T. モリス＝鈴木ほか「パブリック・メモリー」（『思想』1998年8月号）
- 石田英敬・鵜飼哲ほか編『「日の丸・君が代」を超えて』（岩波ブックレット，1999年）
- 内海愛子・高橋哲哉・徐京植編『石原都知事「三国人」発言の何が問題なのか』（影書房，2000年）
- 「特集　和解の政治学」（『現代思想』2000年11月号）
- ジョン・ダワー『敗北を抱きしめて（上・下）』（岩波書店，2001年）
- 高橋哲哉『歴史／修正主義』（岩波書店，2001年）
- 藤原帰一『戦争を記憶する』（講談社，2001年）

2　日本人の戦争責任・戦後責任について：

A　まずアジア太平洋戦争の実態とその表象を知るために——

- 本多勝一・長沼節夫『天皇の軍隊』（朝日文庫，1991年）
- 吉見義明『草の根のファシズム——日本民衆の戦争体験』（東京大学出版会，1987年）
- 林博史『華僑虐殺——日本軍支配下のマレー半島』（すずさわ書店，1992年）
- 松尾章一編『中国人戦争被害者と戦後補償』（岩波ブックレット，1998年）
- 川村湊・成田龍一ほか『戦争はどのように語られてきたか』（朝日新聞社，1999年）
- 高岩仁『戦争案内』（映像文化協会，2000年）
- 「特集　戦争・戦後責任の現在」（『季刊　運動〈経験〉』2001年春号）
- 藤原彰『餓死した英霊たち』（青木書店，2001年）
- 原田敬一『国民軍の神話——兵士になるということ』（吉川弘文館，2001年）
- 水野直樹・藤永壮・駒込武『日本の植民地支配——肯定・賛美論を検証する』（岩波ブックレット，2001年）

B　アジアからの／アジアにおける問いかけとして——
- 国際シンポジウム「東アジアの冷戦と国家テロリズム」日本事務局編『白色テロ　日本と台湾，アジアの戦後史の闇——五〇年代に迫る』『東アジアの冷戦と済州島四・三事件』『台湾シンポジウム報告集』『済州島シンポジウム報告集』『沖縄シンポジウム報告集』（「東アジアの冷戦と国家テロリズム」日本事務局，1996-2000年）
- 「特集　脱冷戦と東アジア」（『現代思想』2000年6月号）
- 丸川哲史『台湾，ポストコロニアルの身体』（青土社，2000年）
- 森宣雄『台湾／日本——連鎖するコロニアリズム』（インパクト出版会，2001年）

C　日本の中等・高等学校における教科書問題については——
- 教科書検定訴訟を支援する全国連絡会編『教科書から消せない戦争の真実——歴史を歪める藤岡信勝氏らへの批判』（青木書店，1996年）
- 「特集　教科書問題——歴史をどうとらえるか」（『現代思想』1997年7月号）
- 小森陽一・坂本義和・安丸良夫編『歴史教科書　何が問題か』（岩波書店，2001年）

3　パレスチナ問題をはずして現代は語れない：

A　エドワード・サイードの著作・発言に耳を傾け——
- サイード『パレスチナとは何か』（岩波書店，1995年）

- ▶サイード『ペンと剣』(クレイン, 1998年)

B さらにそれを自らの問題として引き受けるために──
- ▶ルディ・ジョスコビッツ『私のなかの「ユダヤ人」』(三一書房, 1989年)
- ▶土井敏邦『アメリカのパレスチナ人』(すずさわ書店, 1991年)
- ▶ジャン・ジュネ『恋する虜　パレスチナへの旅』(人文書院, 1994年)
- ▶デイヴィッド・グロスマン『ユダヤ国家のパレスチナ人』(晶文社, 1997年)

終章
文化の実践

Culture alive is always on the run, always changeful.
（生きている文化はいつも流動し，
　常に変化し続けている。）

1 文化は生きている

　文化はつねに流動し変化し続けるしろものだ。文化を考えるとは，そのように生きた現象，それも自分自身が日常的に巻き込まれている社会状況を相手にすることに他ならない。そこには広い意味での政治，つまり年齢，教育程度，家庭環境，経済的格差，ジェンダー，性行動様式，宗教，民族，といったカテゴリーが複合的に絡み合って発現する権力関係が，いついかなるとき，どんな場所でも，可変的圧力で影響している。そうした複雑な関係を，歴史と社会関係に対する知見をもとに解きほぐし，同時に自分自身が置かれた知的状況における偏見や特権を解体すること。私たちは文化を他者に対する優越の証しと見たり，エキゾティズムの対象とする欲望と戦わなくてはならない。

2 批判するカルチュラル・スタディーズ

　序章で考えたことを少し復習しよう。
　カルチュラル・スタディーズは「文化」と「研究」との両面を同時に問題視する。それはまず文化を，文学や美術のような「高級文化」だろうと，マスメディアやマンガ，ポピュラー音楽，ファッションなどの「サブカルチャー」だろうと，本質的な所与の実体として，「非文化」と区別するのではなく，特定の歴史や社会状況において構築されたものと考える。そこでの焦点は，異なる権力関係のなかでいかに文化が非文化を排除し，自己が他者を周縁化して，2つのあいだに境界線を引いていくかの過程である。
　カルチュラル・スタディーズの批判精神は，対象から「学問的で冷静な距離」を置くよりは，内部者として，その文化のただなかで暮らす者の不満や疑問や抵抗に由来する。個々でローカルな出来事の衝撃に打ちのめされたり，その前で立ち止まったりしながら，同時にそれを普遍的な次元で想像し，他者に向けて語り継ごうとすること。カルチュラル・スタディーズにとって，支配的な歴史の語りによって周縁化された他者や，抑圧され

たマイノリティの声を聞こうとすることが重要なのも，そうしたローカルとユニバーサル，個人と普遍との対立ではなく，分有が目指されるからである。必要なのは，「文化」の再定義であると同時に，「研究」という知の再検討なのだ。

3 行動するカルチュラル・スタディーズ

　私たちに必要なのは，カルチュラル・スタディーズという実践を研究や学問の閉ざされた領域に閉じ込めてはならないという信念（もちろんこれは，学習しなくていいということでも，分節化の訓練を怠ってもいいということでもない）であり，そのために読者に自らの日常を問い，行動を呼びかける熱意である。そのような思いをもってこそ，私たち自身の生きる現在の文化状況を冷静に分析することが可能になるのだ。

　それではなぜ今，「文化」を，「歴史」を，「近代」を，「日本」を，「知」を問題にするのか？　「無限の正義」を標榜する覇権国家の支配のなかで，「新自由主義」を旗印にするグローバルな資本の勢力とそれに対する抵抗運動のせめぎ合いのなかで，私たちはどのようにして，「他者」への想像力を鍛え直し，自分自身の住む世界についての認知の枠組みを再構築することができるのか？　このような問いに直面したとき，私たちにはカルチュラル・スタディーズの実践者として，次の4つの問題系における解放が求められているのではないだろうか。

4 他者から見た歴史

　1つめは，歴史の「一国史」から「世界史」への解放。「ナショナリティの脱構築」や「グローバリゼーションによる国民国家の衰退」を題目として唱えることは簡単だ。しかしそれだけでは，現実の歴史，さまざまに異なる社会状況におけるナショナリズムの役割や功罪を問うことはできないし，なにより現在のグローバル化した世界に対してネオナショナル（新国

家主義的)な言説がどうして必要とされるのかを探究することも不可能だ。たとえば，第2次世界大戦後の東アジアのなかで，なぜ日本だけが「平和の下の高度経済成長」や「戦後自由民主主義」を享受できたのかという問いを，日本国内だけで考えようとすることが，戦争・戦後責任の忘却やアジア諸国への継続した経済的侵略に繋がってきたのではないだろうか。再三指摘したように，1945年まで日本の植民地だった国々では，戦後もかつての対日協力者がアメリカと日本の支援を受けて権力を握っていた一面がある。その支配構造が1990年代になってやっと一応の民主化を経ることで初めて，戦後のアジア諸国における虐殺の真相究明が始まり，それにともなって「従軍慰安婦」や「強制連行労働者」といった戦争中の被害者も声を挙げることができるようになったのである。

　そのような1990年代が終わってふと気がついてみれば，東アジアのなかで真の民主化がもっとも遅れているのは，自分たちの日本であるのかもしれない。「ポストコロニアリズム」を喧伝するより先に，国境を越えた「ネオコロニアル」な抑圧状況を問題にし，〈他者〉の側から見た歴史，世界に開かれた歴史観を築くべき必要は，私たちにとってますます増している。

5　文化の力学

　問題系の2つめは，文化概念の本質主義からの解放。文化をあらかじめ与えられた実体として想定するのではなく，特定の歴史や社会状況における生産物と考えることによって，錯綜した力関係のなかで，いかに文化が非文化を排除したり，その反動が起きたりするのかという過程を探ること。自己が他者を周縁化して，2つのあいだに境界線が引かれながらも，それが不断に引き直される運動に焦点を合わせること。このような問題意識からすれば，「エリートの高級な教養」と「大衆の反抗的サブカルチャー」といった二項対立的理解が不十分であることは明らかだ。文化とは，心や身体を豊かに育む美しい自然環境や芸術作品のことでもあれば，健康や安全のような目には見えないが人間の幸せには不可欠な価値のことでもある。

また，金銭や資本に左右される経済関係のことでもあり，家庭の電化製品や世代によって対象の異なる消費財の生産需給のことでもある。文化を一種の政治的権力関係，経済的生産関係という，その発生と変容の場に即して理解する力学こそが，求められている所以である。

6 専門領域の解体

3つめは，知識の学問領域的専門性からの解放。文化研究の重要な対象が言説であるかぎり，そこで焦点となるのは，あるテクストがどのような場で生産され，どのような条件のもとで流通し，それを受容するのはどのような人々でいかなる歴史の契機と関わり，どんな組織や言説の構造がそこには働いているのか，である。そのような問いを前にしたとき，19世紀のヨーロッパ帝国主義支配の時代に秩序づくられた学問研究機関における専門領域堅持は，むしろ有害ともなりえる。現在この国を席巻している「大学改革」の嵐にしても，ネオリベラリズム（新自由主義）による知の効率的市場化の動向に押し流されてしまうのではなく，それを研究者自らの専門性についての神話解体への契機としてとらえるべきだ。私たち自身も，歴史における文化構築の現実の主体であり，同時に文化の力学の影響下にあることを免れないからだ。

7 知の脱植民地化

4つめは，理論を海外から輸入し，それを現地の実例で検証するという植民地主義的情報生産構造からの解放。文化研究が大学の内と外という社会的文化的コンテクストに根差しているかぎり，文化と知識を取りまく関係がいかに発話の場の力関係と関係してきたかという問いを，個々の歴史状況における文化構築を考える際に切り離すことはできない。誰が誰のために語る力を持ち，それはどこで，どのような時に語られ，また何についての語りなのか？　客観的な立場から真理の公正な探究が中立の空間で行

われるなどということはあり得ない。かくして問い直されるべきは，多くの場合「イズム」という接尾語を伴う理論が常に「西洋」から輸入され，「東洋」はそれを実地に試す場であったり，あるいは「非西洋人」が「ネイティヴ・インフォーマント（現地人の情報提供者）」として理論的考察の材料を提供するだけでなく，西洋的な知の覇権構造の強化に荷担するといった植民地主義的学問体系である。「自前の理論で」といったナショナリズムの閉鎖性にも，「普遍的基準への回帰」を訴える西洋的ヒューマニズムの帝国主義的再認にも与しないような，真に横断的な知の可能性が模索されるべきなのではないだろうか？

8　日常の政治の詩学のために

　序章の最後にあげたプラムディヤ・アナンタ・トゥールの一節（pp. 29-30）を思い出してほしい。そこではあらゆる支配・被支配関係が「政治」としてとらえられ，人々がそれに個人として集団として関与するで覚醒していくための原理が示唆されていた。それとちょうど同じ力学をちがう文脈で述べている「在日朝鮮人」の詩人金時鐘（キム・シジョン）による一文を最後にあげよう。

　　在日朝鮮人の私に即せば，私をくるむ日常生活そのものがすでに"政治"であり，十重二十重に私をくるみこんでいる"日常"そのものだけが，私の確かな詩の糧となる私の"文学"なわけだ。したがって"政治"は，日常不断に私とともにあるものである。よしんば純粋を決めこめるだけの間柄にあっても，その関係の平穏さがかもす非政治なるものが，私の生存を規制する力に無防備かつ，無関心である限り，その対関係は私を損ねるものとの対峙のうちにあると言わねばならない。非政治のはずのものが，もっともきびしい政治力として作動してくるゆえんである。
　　　　　　　　　　　　　　　　　　　　　　　　（「政治と文学」）

　もちろんこの「政治力」の大きさもその「作動」の仕方も，「在日朝鮮人」

と「マジョリティに属する日本人」とで，文学者と学生とで，そしてそれぞれの事情や置かれた環境によって異なるだろう。しかし，カルチュラル・スタディーズという〈文化の実践〉に取り組む私たちは，ここで述べられている「日常の政治性」に敏感であらねばなるまい。「平凡な日常」という「非政治」の神話を解体し，無意識で無関心で無防備なその領域こそが，「政治力」の源泉であることを，「私」自身に即して検証し，自分の言葉で語ろうとすること。そのとき「詩」とカルチュラル・スタディーズとの境界はかぎりなく狭まるのではないだろうか？

パーソン／ブック

金時鐘は1929年朝鮮・元山市生まれ。詩人。戦前の植民地統治下で身につけた日本語を使いながら，その「日本語」は徹底的に異化され，「日本国／日本人の言語」という通念をうちくだく強度を孕む。集成詩集『原野の詩』（1992年），第六詩集『化石の夏』（1998年），評論集『「在日」のはざまで』（1986年）など。

金時鐘の「もうひとつの日本語」を異国語表現による創作という世界的な視野から考えた論集として，野口豊子編『金時鐘の詩　もうひとつの日本語──詩集『化石の夏』を読むために』（もず工房，2000年）を勧めたい。

トライアル ▷▷ さまざまな「日本」

現実の出来事が理論の再審を迫り，理論的であることが出来事に介入する武器となる──カルチュラル・スタディーズに求められるのは，この信念の貫徹だ。ここまで「日本語」で書かれた生きている文化への省察と介入に接してきた私たちがなすべきことは何か？　会社社会を支える様々な差別，戦後責任への応答，家父長制を支えるテレビの歴史物の考察，マンガ・アニメのイデオロギー分析，多文化共生の検証，インターネットと携帯電話の社会心理学，東京ディズニーランドの地政学，オリンピックとワールドカップの経済学，「正典」文学の問い直し，「大学改革」の政治学…カルチュラル・スタディーズが問うべき「日本」は私たちの回りに溢れている。

結語　記憶の演劇

Remember me. / The rest is silence.
（私のことを憶えておけ。／あとは沈黙。）

● 記憶の演劇

　上に引いたのは，シェイクスピアのハムレットが1幕で父親の亡霊と出会ったときの台詞と，いまわの際の最後の台詞。いわばこの劇は，「憶えておけ／忘れないでくれ」という命令ないし嘆願で始まり，「沈黙」に（未）解決をゆだねて終わる劇だ。ハムレットは父親の生と死の記憶を自身の唯一の存在理由として，演劇という「真実」を暴露する「嘘」の表象に賭けるのだが，その賭は現実政治の圧力によって敗北を余儀なくされ，最後に残るのは演劇的な解決（観客だけが特権的に真実を把握する）と未完の政治闘争（フォーティンブラスによる接収）とのアンビヴァレントな共存である。しかしそれにもかかわらず，というよりそれゆえに，この『ハムレット』という劇は，〈記憶の演劇〉として多くの人々にこれからも行動への勇気と励ましを与えていくだろう。その理由のひとつは，ハムレットという主人公が，つねに自分の思考を私たち観客に開くことで，彼の思考そのものがドラマとして運動として開示されるからだ。私たちは彼の独白を聞きながら，彼という〈他者〉と対話し，自らの身体と精神の可能性に目覚めていく。私たちがこの本のなかで出会ってきたいくつかの文章も，そのような対話と実践への誘いに溢れてはいなかったろうか？

● 聞くこと，語ること，記憶すること

　序章で取り上げた文化に対するひとつの考え方，抑圧や収奪に対する抵抗として表明される文化という視点に帰ってみたい。そこで問われているのは，公式の大文字の歴史に埋もれた被抑圧者は語れるのか，という問い

だった。だがもともと語っていないものを，誰がどのように語らせるのか？発話の場の権力構造をどのように組み替えるのか？

　自己による語りは，他者に対する「応答責任」（すでに何度か見たように，"responsibility"，つまり応答する可能性を積極的に担うということ）というかたちで，つねに他者からやってくる。抑圧された者と自己を同一化する身振りによって自己のヘゲモニーをよりいっそう強固にしようとする語り，普遍的人間主義を支える暴力を消去する語り，受容するのではなく消費する語り，そのような語りを構築しないで語ることはいかにして可能だろうか？

　もともと語っていないものを語らせる，それもなにが語られてもよく，なにが語られてはならないかを決定する権力を持つものの言葉で語らせる，という支配構造を再生産しないためには，まず聞き取ること，語っていないものの声を，語りたくても語り得なかったものたちのつぶやきや音声にならない沈黙をまず聞き取ろうとすることから始めることだ。カルチュラル・スタディーズによる文化への問いも，そうした敏感で謙虚だが同時に辛抱強くしぶとい姿勢にかかっている。

　そのようにして聞くことから，言葉が分有され，自分自身の言葉が紡ぎだされるはずだ。例えばそれを演劇としてある対話の舞台に乗せようとする運動からも，ひとりの記憶を有り得たかもしれない歴史として受け継いでいく実践が生まれるかもしれない。記憶することを安易に共同体の儀式として「我ら」のアイデンティティを強化したり，センチメンタルな記念の行事としてしまわないために，他者の命令や呼びかけをまず自分の身体に刻み込むことが必要なのだ。ちょうど，ハムレットが父親の「記憶せよ」という言葉を自らの身体性の証しとして，それを観客である私たちに伝えようとするように。絶対的に孤独で，権力闘争の周縁に置かれ，命の危険さえあるハムレットにとって，そのような〈記憶の演劇化〉だけが，唯一の有効な抵抗手段であり，その思考のドラマに随伴する観客は歴史の共同製作者となる。

　文化が弱者の抵抗として表明される側面を持つならば，私たち自身の文

化へのまなざしも，その抵抗が変革と自己発現に向かうような暖かく喜ばしいものでありたい。記憶の海に降ろされた垂鉛が，埋もれた歴史を探りあてるように…他者の沈黙を憶えておこう。

● 理論と出来事

　私たちはある出来事に出会ったとき，衝撃を受ける。その衝撃が大きければ大きいほど，それを表現し言語化することは困難であり，しかし同時にその表現の欲望は増すはずだ。そうでもしなければ自分の身体や感覚が受けた衝撃をもちこたえることができなくて，自分が壊れてしまう危険さえあるからだ。私たちがこの本で文化の事例として見てきた戦争の暴力や，支配と抑圧などは，そのような衝撃度が極限的に増大した例である。古来，人間はさまざまな芸術や演劇や宗教，儀礼・表現行為の試みによって，そうした出来事を理解しようと試み，まさに神に対してするように問いかけ，答えを見出だそうとしてきた。

　カルチュラル・スタディーズが自分にとって切実であるためには，やはりこのような問いと答えの模索のひとつのあり方として，それがどれだけ普遍性を持ち得るかにかかっている，と私は思う。言語化・表現・分析・批判は定義上，抽象化と理論化を伴う。「理論」などというと，やたらに難しく横文字が多く高踏で現実離れした高みからの言葉のすさびを，思い浮かべる人があるかもしれない。もし口で語ることと，実際の行動が矛盾しているならば，それは端的に言って理論の名に値しないはずだ。わかりやすい例で言えば，植民地からの解放について歴史的事例で語る人が，自分の職場での抑圧状況を黙認したり荷担したりしていれば，その人の語りは，現実への誠実さを欠く非理論的言説ということになる。

　理論と現実とは対立してあるのではない。現実の必要から理論化が要請され，理論によって現実が可視化され，共有されて異なった状況や条件への適用が可能となって，現実への介入が可能となるのである。

　さらに一言付け加えれば，「難しさ」を恐れてはならない。すぐれた理論的作業には，それを生産する困難に見合うだけの読解の努力と困難が当然

付きまとうのだから。お金を稼ぐためには，ダイエットするためには，スポーツが上達するためには，たいていの人がかなりの困難を堪え忍ぶはずだ。たとえば本を読みこなすことにある程度の困難がともなったところで，それも同様の"No pain, no gain."「努力なければ進歩なし」の類いのことだと，気軽に考えればいいではないか。

　知識や勉強を誇る理由は何もないが，恥じる必要もない。恥じなければいけないとすれば，知識を自分の権力拡張に使う自己偏愛と，不正を知って何もしない怠惰と無関心ではないだろうか。学んで能うかぎり理論的であろうとすること，理論的であることによって出来事への応答をなし，理論的責任を果たすことで状況と場所の異なる他の人々の歴史と現実への応答に貢献すること。出来事への応答責任としての理論化の試み——私にとってカルチュラル・スタディーズの定義は，ひとことで言えば，これ以外に考えられない。

　そして，私が及ばずながら紹介しようと試みてきたのも，理論的であることによって出来事を問い，自らの言葉で出来事に応答しようとする切実な営みの足跡を記したいくつかの文章である。私にとってこれらの文章との出会いは，まさに出来事の名に値するものだ。だからそれらを読み，理解しようとすることは，自分自身の言葉をさがすことと同じだった。もし応答が対話の関係であり，責任が愛情や喜びをともなって引き継がれるものであるのなら，これらの文章を読むことを通じて，あなたにも責任を分有してほしい。あなた自身のカルチュラル・スタディーズが，出来事への応答としてそこから開始されるはずであるから。

事項索引

あ

アイデンティティ　64,98,119,147, 149,165,176,216
アイヌ　68,199
アイリッシュ　71,75
アイルランド　68,70,71,72,73
アイルランド語　73
アウシュヴィッツ　185,186,188, 190,197,209
アジア女性平和国民基金　168
アジア太平洋戦争　161,210,224
新しい歴史教科書を作る会　76
アナクロニスティック　208
アナクロニズム　205
アメリカ化　124
アメリカ合州国　47,135,138,142
アメリカ的ナショナリズム　130
イギリス　130
　——語　64,66
　——帝国　71
イスラエル　215
異性愛者　167,177
痛み　55,58
イデオロギー　22,23,28,118,123, 147
異分子　6
意味　21
移民　64,65
癒し　152,154
イングリッシュ　67,71,74
インターネット　95
インテリへの反感　151
ヴァーチャル・リアリティ　94,103, 104

英語　26,50,66,66,69,70,72
英語帝国主義　50,70
SF　9
　——の空間のジェンダー化　101
演劇的　118,120
演劇としての博覧会　114
演出　114
応答　174,176,180
　——可能性　206,208,210,222
　——責任　160,168,209,213
沖縄　68,199,204
オリンピック　121,128

か

階級　19
　——差別　48,49
解釈学的共同体　175,176,179
カタカナ表記　49
家父長制　166
記憶　171,172,181,203,205,206, 211,224
聞き手の位置　167
起源　23
記号　120
疑似現実　94
犠牲者　188,193
　——化　171,172
境界侵犯　133,138,139
教科書問題　148,225
共時的　21
共同体の閉鎖性　138
近代　47,69,112,114,130,189
　——化　69
　——国民国家　114

――スポーツ　130
　　――のまなざし　189
空間　100,101,107,119
空想科学　94,106
　　――小説　94
クレオール　199
グローバリゼーション　14,34,28,142,229
グローバル　4,26,27
ゲイ　98,100,166
言語　8,58
　　――帝国主義　78
健康　7
言説　21,22,119
言表行為の主体　165
高級文化　5,228
広告　117
構成主義　170
構築主義　99
国際金融　86
国際スポーツ競技会　114
国民　11,13,179
国民国家　11,12,14,27,47,50,68,71,141,166,197
国家　11,13,15
個　150,151,155
　　――の確立　155
小林よしのり現象　146
コンテクスト　21,22

さ
在日朝鮮人（在日）　65,166,181,192,194,199,216,217,219,232
サイバースペース　101,102,105,108
サバルタン　199
サブカルチャー　5,10,17,18,125,228,230
ジェンダー　19,49,98,100,102,105,166,182

――差別　106,160
自我　149
自虐史観　223
自己　5,7,45,113,150,165,167,181,198
視線　189
　　――の権力性　109
実感主義　150
実証　163
実証主義　160,161,164
資本主義　112,114,118
　　――的消費文化　123
社会進化論的イデオロギー　115
弱者　160,163,172,179,184
従軍慰安婦　76,148,154,155,160,167,168,172,180,204,211
自由主義史観　161,205
主体　23,166
　　――の構築　116
『ショアー』　187,209,210
上演論的パースペクティブ　114
証言　162,163,178,180,197,198,224
消費者　154
消費社会　112,114
植民地支配　168,219
植民地主義　15,47,52,69,71,75,77,133,231
植民地主義的　46,55,57,59
女性国際戦犯法廷　214
女性的空間　104
女性の身体　104
新国家主義　14
人種　19,38,60,64
新自由主義　14,229
新植民地主義　44,47
身体感覚　96,114
身体性　95,108
　　電子的――　95

身体論　109
人道に対する罪　223
ステレオタイプ　41,57,98,99,133
スペクタクル　121,122
スポーツ　9
スポーツ・ジャーナリズム　138
性　10
正義　197,223,229
性器手術　42,46,52,57
政治　31,38
精神分析的手法　75
性的アイデンティティ　97
政府開発援助（ODA）　86,218
責任　180,206
セクシュアリティ　98,102,103,104,
　106,108,166,167,175,179,182
セクシュアル・ハラスメント　189
世代論　150
セックス　98,175
絶滅政策　186,187,189
　　ユダヤ人──　187
　　──絶滅政策　189
戦後　181,202,203,207,208,213,
　220
　　──責任　202,207,208,213,220
　　──補償　181
戦時強制連行労働　211,223
先住民（ラテンアメリカの）　91
戦争責任　161,180,202,207,208,
　214
専門領域　231
想像の共同体　12
相対主義　42,52
ソマリア　40,53,56

た

ダイアロジズム（対話論理）　30,34
第一世界　45
大学改革　158,231

体験　41,173,174,177,179
第三世界差　44,52
大衆娯楽　114,133
大量消費文化　118
対話論理（ダイアロジズム）　30,34
他者　5,8,13,82,122,165,167,181,
　189,198,199,203,307,208,229
　　絶対的──　7
　　──へのまなざし　113
断絶　188,189,197
知識　44
知識人　117,151,152
通事的　21
通訳者　69
ディアスポラ　199
抵抗　54
帝国主義　75,114,115,117,122,
　123,161,232
出来事　173,176,177,179,180,202
　　──の時間性　176
テクスト　56,231
テクスト性　23
電子的身体性　95
当事者　51,52
同性愛者　167,177
特需　202,206
　　──景気　206
特殊性論（日本文化の）　116
都市　9
都市消費文化　117
ドメスティック・ヴァイオレンス　189
トラウマ　162,169
『トラブルとその友人たち』　97,102,
　104
トランスナショナル　26,27

な

ナショナリスト　164,197
ナショナリズム　128,139,197,220,

229, 232
　　——の強化と解体　141
ナショナリティ　229
ナチス　213
七三一部隊　212
ナヌムの家　174, 222
南北問題　77
難民　7
二重の自己　115, 116
2001年9月11日　94, 143, 216
日本　47, 115, 138
日本軍性奴隷制（→従軍慰安婦）
　160, 162, 223
日本語　79
日本国籍取得緩和法案　219
日本国籍問題　219
日本国民　216, 220
日本人　70, 83, 165, 166, 194, 202,
　212, 214
　　——としての責任　214
　　——の安否　83
日本文化　11, 79
日本野球　133, 134, 136
人間　197
人間主義　191
認罪　203
ネイティブ・インフォーマント　232
年齢　7

は
ハイブリディティ　199
博覧会　113, 117, 118, 123
バックラッシュ　170
発見　112
発話主体のポジション　165
発話の位置　165, 167
『ハムレット』　205
パレスチナ　215, 226
　　——難民　215
　　——紛争　215
　　——問題　225
万国博覧会　114, 121
PTSD　169
被害者　188
東アジア冷戦体制　48, 203, 225
否認　75
百貨店　114, 117
ヒューマニスト　194
ヒューマニズム　197, 232
標準英語　70
標準語　67
フェスティヴァル　114
フェミニズム　160, 161, 164, 165,
　170, 180, 182
『不思議の国のアリス』　102
ブリティッシュ　67, 71, 75
文化感染　106
文化人類学　124
文化相対主義　44, 48
分有　15, 16
ベースボール　129, 136
ヘゲモニー　24, 31
ヘテロセクシュアリティ　98
ペルー人質事件　82
変革主体　155
忘却　202
母語　69
母国語　69
ポストコロニアリズム　77, 230
ポストコロニアリティ　72, 73
ポストコロニアル　74, 75, 182
　　——批評　78
　　——文学　61
ホモセクシュアリティ　175
ホモソーシャリティ　175, 176, 180
ホモフォビア（同性愛嫌悪）　177
ポルノグラフィ　189
ホロコースト　209

本質主義　99,107,108,149,230
翻訳　28,29,49,74

ま
マイノリティ　15,28,75,166,177,184,197,217,229
マジョリティ　166,167,168,177,184,193,197,206,217
マチズモ（男性至上主義）　177
まなざされる他者　112
まなざし　112,117,121
まなざす主体　112
学び捨てる（unlearn）　56
マンガ　10
見世物文化　117
ミソジニー（女性嫌悪）　177
見る／見られる　104,189
民族　10,166
民族主義者　197
無知　43,46
メディア　9,87,101,122,155
メディア・リテラシー　90,91
物語　12,161,162,170,172

や
野球　129
有色人　64

ら
ラテンアメリカ　91
領有　30
ルサンチマン　172,195
レイシズム　48,49,57
歴史　10,161,162,163
　——学　163
　——修正主義　160,161
　——主体論争　221
　——的現在　222
　——認識　157
レズビアニズム　105,108
レズビアン　95,98,100,105,166
レズビアン・セクシュアリティ　104,106,107
恋愛　174
ローカル　4,15,26,27

わ
湾岸戦争　94

人名索引

あ
アリス・ウォーカー　46, 48, 50
アントニオ・グラムシ　25
アントニオ・デ・ネブリハ　47, 67
イブ・コゾフスキー・セジウィック　175
イマヌエル・ウォーラーステイン　26
ウィリアム・ギブスン　101
上野千鶴子　161
エドワード・タイラー　17
太田昌国　54

か
加藤典洋　220
ガヤトリ・チャクラバルティ・スピヴァク　56
姜徳景　221
金時鐘　232
金石範　28
金学順　76, 160
キャサリン・マッキノン　171
クリフォード・ギアーツ　120
クロード・ランズマン　187, 209
小林よしのり　76, 146, 148, 150, 151, 152, 155, 157
コロンブス　47, 68

さ
シャンタル・ムフ　24
徐京植　20, 54, 215
徐翠珍　217

た
高岩仁　211, 218
田中伸尚　217
チャンドラ・モハンティ　44, 45

な
長嶋茂雄　134, 135
ノーマ・フィールド　218
野茂英雄　133

は
ハンナ・アーレント　215
ピーター・ブルッカー　18
ビョン・ヨンジャ　174
フィリップ・ミュラー　209
フェルディナン・ド・ソシュール　21
ブライアン・フリール　67, 68, 72
プラムディヤ・アナンタ・トゥール　31, 32, 232
フランツ・ファノン　20, 39, 54
プリーモ・レーヴィ　184, 186, 190, 197, 211

ま
マシュー・アーノルド　16
ミシェル・フーコー　119, 124
ミハイル・バフチン　29
メリッサ・スコット　97

ら
リゴベルタ・メンチュウ　51, 52
ルイ・アルチュセール　23
ルイス・キャロル　102
レイモンド・ウィリアムズ　16, 17
ワリス・ディリー　42, 53

[著者略歴]

本橋哲也（もとはし　てつや）

1955年東京生まれ。東京大学文学部卒業，イギリス・ヨーク大学英文科博士課程修了。D.Phil.。
現在，東京経済大学コミュニケーション学部教授。
カルチュラル・スタディーズ専攻。
おもな著訳書に『ポストコロニアリズム』（岩波新書），『映画で入門カルチュラル・スタディーズ』『ほんとうの『ゲド戦記』』（大修館書店），『侵犯するシェイクスピア――境界の身体』（青弓社），『思想としてのシェイクスピア――近代世界を考えるためのキーワード』（河出書房新社），『深読みミュージカル――歌う家族，愛する身体』（青土社），ジュディス・バトラー『生のあやうさ――哀悼と暴力の政治学』（以文社），レイ・チョウ『標的とされた世界――戦争，理論，文化をめぐる考察』（法政大学出版局），C.L.R.ジェームズ『境界を越えて』（月曜社），ノーム・チョムスキー，アンドレ・ヴルチェク『戦争のからくり』（平凡社）などがある。

カルチュラル・スタディーズへの招待（しょうたい）
©Motohashi Tetsuya, 2002　　　　　　　NDC361／xii,243p／21cm

初版第1刷	2002年2月20日
第8刷	2015年9月1日

著者	本橋哲也（もとはしてつや）
発行者	鈴木一行
発行所	株式会社大修館書店
	〒113-8541 東京都文京区湯島2-1-1
	電話03-3868-2651（販売部）03-3868-2294（編集部）
	振替00190-7-40504
	[出版情報] http://www.taishukan.co.jp

装丁者	倉田早由美（㈱サンビジネス）
印刷所	広研印刷
製本所	司製本

ISBN978-4-469-21270-9　　Printed in Japan

Ⓡ本書のコピー，スキャン，デジタル化等の無断複製は著作権法上での例外を除き禁じられています。本書を代行業者等の第三者に依頼してスキャンやデジタル化することは，たとえ個人や家庭内での利用であっても著作権法上認められておりません。